农村集体土地权利主体及收益分配研究
——基于海南省农村土地改革实践

NONGCUN JITI TUDI QUANLI ZHUTI JI SHOUYI FENPEI YANJIU
——JIYU HAINANSHENG NONGCUN TUDI GAIGE SHIJIAN

王振伟 著

图书在版编目(CIP)数据

农村集体土地权利主体及收益分配研究:基于海南省农村土地改革实践/王振伟著.—武汉:中国地质大学出版社,2018.3
ISBN 978-7-5625-4255-1

Ⅰ.①农…
Ⅱ.①王…
Ⅲ.①农村-集体所有制-土地所有权-研究-中国②农业用地-收入分配-研究-中国
Ⅳ.①F321.1

中国版本图书馆 CIP 数据核字(2018)第 055518 号

农村集体土地权利主体及收益分配研究
——基于海南省农村土地改革实践

王振伟 著

责任编辑:陈 琪		责任校对:张咏梅	

出版发行:中国地质大学出版社(武汉市洪山区鲁磨路388号) 邮政编码:430074
电　　话:(027)67883511　　传真:67883580　　E-mail:cbb@cug.edu.cn
经　　销:全国新华书店　　　　　　　　　　　　http://cugp.cug.edu.cn

开本:880毫米×1230毫米 1/32　　字数:205千字　　印张:7.125
版次:2018年3月第1版　　　　　　　　印次:2018年3月第1次印刷
印刷:武汉珞南印务有限公司
ISBN 978-7-5625-4255-1　　　　　　　　　　　　　　定价:45.00元

如有印装质量问题请与印刷厂联系调换

前　言

21世纪以来，随着我国城镇化、工业化进程的加快，我国经济总体上已经进入以工促农、以城带乡的发展阶段，城市对农村劳动力的吸纳能力不断增强。由于进城务工收入远高于农村务工收入，大量农民纷纷涌向城市，农村劳动力出现紧缺，农村土地利用效率逐年下降，导致大量良田抛荒、农村宅基地闲置浪费现象，农村土地流转是一种必然趋势。现行的农村土地产权制度已经出现明显的历史局限性，已经不能适应新时期统筹城乡发展的需要。因此，推行农村土地产权制度改革，促进农村土地流转，释放农村土地资产潜力，让农民分享城市发展带来的红利，是适应历史发展的需要。本书以海南省农村土地权利制度改革的实践为基础，综合运用产权理论、地租理论、供求理论和土地发展权理论等经济学理论，将试点地区取得的经验进行深化和提升，试图探索和显化农村土地制度改革的路径，为其他地区农村土地制度改革提供经验借鉴,为促进我国农村土地权利制度改革提供理论支撑。

目前农村土地权利主体存在所有权性质含糊、主体虚位,集体与成员之间权利不清、农民的成员权益无法体现等问题,已不适应市场经济发展的需要。针对农村集体经济组织主体"虚化""缺位"的问题,本书认为现阶段在保持集体所有制不变的基础上,对农村集体经济组织进行合作社法人或股份制法人改造是较优方案。同时,论述了合作社法人和股份制法人的优缺点、适用范围等,旨在通过对集体经济组织的改造,将农民与集体之间的权利明晰化,使农民集体经济组织和农村土地资产走向市场化。针对农村集体成员权利保障是"公平优先,还是效率优先"问题,本书认为,在市场经济的主导下,当前农民对农村土地的依附性逐渐减弱,土地资本化需求强烈,集体成员权益的保障要以效率为主,提出"效率交给市场,公平交给家庭"的解决思路。

作者调查发现,在农村土地流转租金上,不同劳动力类型对土地租金的期望不同,进城务工农民对土地租金的期望不高,而留守劳动力对土地的租金要求较高,留守劳动力对土地租金的博弈直接导致了土地规模化经营中土地租金的高涨,使土地规模经营收益出现倒挂,但政府的补贴又维持了这种不健康的租赁关系。本书认为,要使我国农业取得良性发展,必须建立农民土地退出机制,即鼓励农民退出土地,政府对退出土地的农民进行离农补贴和政策支持,将退出的土地转移给规模经营者,使规模经营者靠自主经营实现增收,进而达到和从事第二、三产业无差别的收入水平,消除政府对土地规模经营长期持续补贴的压力,建立农业可持续发展的长效机制。

  农村集体建设用地直接入市的实践,是尊重农村土地产权的重要体现。农村集体建设用地流转中的增值收益分配是核心,从产权角度分析,农民作为集体建设用地的产权主体应该享有土地的增值收益;从地租理论角度分析,政府应该享有基础设施投资对土地产生的增值收益;但从市场运行机制看,政府的分配比例不宜过高,否则可能会抑制集体建设用地的交易,导致私下隐形交易重现。当前的土地征收补偿模式一直受到社会各界的诟病,究其原因是政府在剥夺农民土地发展权的同时拿走了绝大部分的土地增值收益,农民土地权利主体地位没有得到尊重和体现。海南省"农民自主拆迁"的模式,提高了农民在征地中的参与度,激发了农民参与征地的主动性和积极性,有效解决了征地冲突,值得借鉴。

  通过总结各地农村土地权利制度改革的实践,我们可以看出,无论是集体建设用地流转还是土地征收补偿制度改革,受益最大的都是城市规划区内的农民和城市近郊的农民,而远郊农民的土地收益还是无法提高,如何让远郊农民分享社会发展的红利,如何提高农民保护耕地的积极性,是亟待进一步解决的问题。为解决这一问题,本书构建了农村土地发展权及补偿机制,即以新增建设用地增值收益分配为主线,以城乡建设用地增减挂钩为途径,以农村集体建设用地与农用地之间的联系为纽带,使规划区外农民分享城市化带来的土地增值收益,建立一个城市发展建设用地扩张、农村低效闲置建设用地减少、农村土地发展权补偿的良性机制。

本书是在作者博士毕业论文的基础上形成的。本书的出版得到了湖北大学政法与公共管理学院公共管理学位点建设资金和湖北省教育厅人文社科基金(新型城镇化和农业现代化协调发展:基于进城农民土地退出视角 18Q004)的资助。在本书的编写过程中,引用或参考了国内外众多专家、学者的文献和研究成果,在此,作者一并表示崇高的敬意和衷心的感谢。由于作者水平所限,疏漏之处在所难免,恳请读者不吝批评、指正。

王振伟

2018 年 3 月于湖北大学

目 录

第一章 绪 论 …………………………………………（1）
 第一节 研究背景和意义 ………………………………（1）
 第二节 相关概念及理论 ………………………………（6）
 第三节 国内外研究现状 ………………………………（22）
 第四节 研究的思路框架 ………………………………（34）

第二章 农村集体土地权利主体改造：合理分配土地收益的前提 …………………………………………（36）
 第一节 我国农村集体土地制度变迁及当前面临的问题…（36）
 第二节 农村集体土地权利主体改造方案 ……………（48）
 第三节 农村集体成员资格的界定及权益保障 ………（72）
 第四节 小 结 …………………………………………（82）

第三章 土地承包经营权流转：不同权利主体对耕地租金的博弈 …………………………………………（84）
 第一节 海南省农村土地承包经营权流转概况 ………（84）

第二节　土地承包经营权流转收益中存在的问题 ············ (86)

第三节　不同主体对土地租金的博弈研究 ················ (89)

第四节　构建农民退出机制：农业良性发展的必然选择 ··· (98)

第五节　促进农民退出的保障措施 ···················· (105)

第六节　小　结 ·································· (109)

第四章　集体建设用地流转：不同权利主体对土地非农化的利益诉求 ················ (111)

第一节　集体建设用地流转改革的实践及意义 ·········· (111)

第二节　集体建设用地流转的机制构建 ················ (126)

第三节　集体建设用地流转收益分配的理论解析 ········ (129)

第四节　完善集体建设用地收益分配的措施 ············ (137)

第五节　小　结 ·································· (140)

第五章　征地补偿制度改革：不同权利主体对城市发展红利的共享 ···················· (142)

第一节　当前土地征收中存在的问题 ·················· (142)

第二节　海南省土地征收补偿制度改革的经验及启示 ··· (154)

第三节　土地征收补偿利益分配模式重构 ·············· (161)

第四节　小　结 ·································· (174)

第六章　构建土地发展权补偿机制：共享社会发展的红利 ···································· (175)

第一节　基于土地发展权的现实思考 ·················· (175)

第二节　农村土地发展权构建的路径与模式 …………（177）

第三节　农村土地发展权构建的总体框架 ……………（187）

第四节　建立土地发展权补偿的保障措施 ……………（190）

第五节　小　结 …………………………………………（192）

第七章　结论及展望 …………………………………（194）

第一节　主要结论 ………………………………………（194）

第二节　政策建议 ………………………………………（197）

主要参考文献 ……………………………………………（199）

键举措。在社会主义市场经济制度下,不平等的城乡二元土地制度是阻碍统筹城乡发展的最大障碍。突破城乡二元土地结构,实行农村土地产权制度改革,构建城乡统一的土地市场,使农村土地和国有土地平衡地在市场上自由流动,实现土地"同地、同权、同价",纠正体制上和政策上的城市偏向,给农村居民平等的发展机会、完整的财产权利和自由的发展空间,促进城乡要素自由流动和资源优化配置,是实现统筹城乡发展的关键举措。

(2)完善农民集体土地权利行使主体,是确保农村土地顺利流转的前提。我国农村土地集体所有的性质决定村民不能单独行使土地的处分权,因此,在土地流转、处分时必须借助能代表农民集体权益的机构来行使。但现有农村集体经济组织职能微弱,结构松散,基本上属于徒有其名(杨珍惠,2009),无法维护村民的权益,也无法和市场实现顺利对接。明确现有的农村土地产权主体,明确集体经济组织与农民之间的权利和义务,将农村集体经济组织改造为适合市场形式的法人主体,是实现农村土地市场化、确保农村土地流转顺利进行的前提。

(3)合理分配农村土地增值收益,是维护农民土地权益的重要体现。农村土地流转收益分配不仅仅影响到流转各方的权益,甚至关系到农村社会大局的稳定。只有让农民直接享有农村土地的增值收益,才能切实维护农民的土地权利主体地位,才能使农民分享城市发展带来的红利;只有合理分配农村土地流转收益,才能充分维护农民土地权益;只有正确引导集体经济组织及农民合理使用土地流转产生的收益,才能真正促进农民增收,提高农民生产生活质量,进而促进城乡统筹发展。

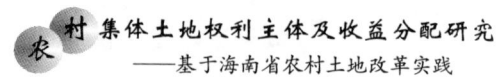

第二节 相关概念及理论

一、相关概念及内涵

1. 农村集体土地所有权

《中华人民共和国宪法》(以下简称《宪法》)第十条规定:"城市的土地属于国家所有。农村和城市郊区的土地,除有法律规定属于国家所有的以外,属于集体所有;宅基地和自留地、自留山,也属于集体所有。"

《中华人民共和国民法通则》第七十四条规定:"集体所有的土地依照法律属于村农民集体所有,由村农业生产合作社等农业集体经济组织或者村民委员会经营、管理。已经属于乡(镇)农民集体经济组织所有的,可以属于乡(镇)农民集体所有。"

《中华人民共和国土地管理法》(以下简称《土地管理法》)第八条规定:"农村和城市郊区的土地,除由法律规定属于国家所有的以外,属于农民集体所有;宅基地和自留地、自留山,属于农民集体所有。"

由此可以看出,我国法律规定我国土地的所有权形式有国家所有和集体所有两种形式,但是二者的界限并不明确,特别是"城市的土地属于国家所有"的规定比较含糊,到底是城市建成区内的土地归国家所有,还是只要是城市规划区范围内的土地都属于国家所有,法律并没有给出明确的规定,这是导致地方政府为了城市建设而"一刀切"地滥用征地权的主要原因。

2. 农村集体土地权利主体

《宪法》第十七条规定:"集体经济组织在遵守有关法律的前

提下,有独立进行经济活动的自主权。集体经济组织实行民主管理,依照法律规定选举和罢免管理人员,决定经营管理的重大问题。"

《土地管理法》第十条规定:"农民集体所有的土地依法属于村农民集体所有的,由村集体经济组织或者村民委员会经营、管理;已经分别属于村内两个以上农村集体经济组织的农民集体所有的,由村内各该农村集体经济组织或者村民小组经营、管理;已经属于乡(镇)农民集体所有的,由乡(镇)农村集体经济组织经营、管理。"

由此可以看出,我国农村土地所有权主体在法律规定上存在以下特点:一是在法律上对农村集体的概念并没有明确其含义,实际上这个主体是能有所指但无法确指的,即其具有目前许多学者所批评的主体"虚位性"。二是对农村集体经济组织具体如何行使农村土地的所有权,如何组织经营和管理,集体经济组织在权利行使中和农民之间的关系如何协调等,法律都没有明确,导致农村集体经济组织在权利行使中侵犯农民权益的事件频繁发生。三是目前农民集体所有又具体分为乡(镇)集体所有、村(行政村)集体所有、村小组(自然村、队)所有三种形式。由于这个体制是由人民公社时期转换而来,三个主体之间的关系错综复杂,大多在管理上仍具有从属关系,在土地所有权上也多数纠缠不清、难以分割,在权利行使上经常出现纠纷。由于以上原因,导致农村土地权利主体在权利行使时弊端百出、纠纷不断。

3.农村土地承包经营权

《中华人民共和国农村土地承包法》(以下简称《农村土地承包法》)第四条规定:"农村土地承包后,土地的所有权性质不变。承包地不得买卖。"第五条规定:"任何组织和个人不得剥夺和非法限制农村集体经济组织成员承包土地的权利。"第二十条规定："耕地的承包期为三十年。草地的承包期为三十年至五十年。林地的承包期为三十年至七十年。"第二十六条规定："承包期内,发包方不得收回承包地。承包期内,承包方全家迁入小城镇落户的,应当按照承包方的意愿,保留其土地承包经营权或者允许其依法进行土地承包经营权流转。承包期内,承包方全家迁入设区的市,转为非农业户口的,应当将承包的耕地和草地交回发包方。承包方不交回的,发包方可以收回承包的耕地和草地。承包期内,承包方交回承包地或者发包方依法收回承包地时,承包方对其在承包地上投入而提高土地生产能力的,有权获得相应的补偿。"第二十七条规定："承包期内,发包方不得调整承包地。承包期内,因自然灾害严重毁损承包地等特殊情形对个别农户之间承包的耕地和草地需要适当调整的,必须经本集体经济组织成员的村民会议三分之二以上成员或者三分之二以上村民代表的同意,并报乡(镇)人民政府和县级人民政府农业等行政主管部门批准。承包合同中约定不得调整的,按照其约定。"第三十二条规定："通过家庭承包取得的土地承包经营权可以依法采取转包、出租、互换、转让或者其他方式流转。"第三十四条规定："土地承包经营权流转的主体是承包方。承包方有权依法自主决定土地承包经营权是否流转和流转的方式。"

由此可以看出,法律一方面想充分维护公平,规定集体经济组织成员都有承包土地的权利;另一方面又想保证土地承包经营权的稳定,规定土地承包期内发包方不得调整、收回承包地,同时又对承包期内土地承包权的调整开了口子。这是导致在现实中农村土地承包权不稳定,"三年一小调、五年一大调"的主要原因。

4.农村集体建设用地

农村集体建设用地指乡镇企业、乡(镇)村公共设施、公益事业、农村村民住宅等乡(镇)村建设等使用的土地。

《土地管理法》第六十二条规定:"农村村民一户只能拥有一处宅基地,其宅基地的面积不得超过省、自治区、直辖市规定的标准。农村村民出卖、出租住房后,再申请宅基地的,不予批准。"第六十三条规定:"农民集体所有的土地的使用权不得出让、转让或者出租用于非农业建设;但是,符合土地利用总体规划并依法取得建设用地的企业,因破产、兼并等情形致使土地使用权依法发生转移的除外。"

法律规定农村集体建设用地不能用于经营性开发建设,农村宅基地不能流转,但同时又缺乏农村宅基地的退出机制。这是造成农村宅基地一户多宅、闲置浪费的主要根源。

5.农村土地的征收补偿

《土地管理法》第二条规定:"国家为了公共利益的需要,可以依法对土地实行征收或者征用并给予补偿。"第四十三条规定:"任何单位和个人进行建设,需要使用土地的,必须依法申请使用国有土地;但是,兴办乡镇企业和村民建设住宅经依法批准使用本集体经济组织农民集体所有的土地的,或者乡(镇)村公共设施和公益事业建设经依法批准使用农民集体所有的土地的除外。"第四十七条规定:"征收土地的,按照被征收土地的原用途给予补偿。征收耕地的补偿费用包括土地补偿费、安置补助费以及地上附着物和青苗的补偿费……土地补偿费和安置补助费的总和不得超过土地被征收前三年平均年产值的三十倍。"

法律规定农民的土地不能进行经营性开发建设,进行经营性开发建设必须被征收为国有,但是土地征收补偿的标准却是按照土地的现状用途进行补偿,农民无法分享土地的增值收益,这是不断引起征地冲突的主要根源。

6. 农村土地收益分配

《中华人民共和国土地管理法实施条例》第二十六条规定:"土地补偿费归农村集体经济组织所有;地上附着物及青苗补偿费归地上附着物及青苗的所有者所有。征收土地的安置补助费必须专款专用,不得挪作他用。需要安置的人员由农村集体经济组织安置的,安置补助费支付给农村集体经济组织,由农村集体经济组织管理和使用;由其他单位安置的,安置补助费支付给安置单位;不需要统一安置的,安置补助费发放给被安置人员个人或者征得被安置人员同意后用于支付被安置人员的保险费用。"

《农村土地承包法》第三十六条规定:"土地承包经营权流转的转包费、租金、转让费等,应当由当事人双方协商确定。流转的收益归承包方所有,任何组织和个人不得擅自截留、扣缴。"

法律对土地征收补偿费用分配、土地承包经营权流转费用分配做了规定,但是由于现行法律法规不允许集体建设用地进行流转,因此,目前集体建设用地流转的收益分配制度仍然缺失。随着农村土地产权制度改革的推进,集体建设用地逐渐被推向市场,需要及时对集体建设用地流转收益分配进行研究。

二、相关理论

1. 产权理论

美国芝加哥大学教授罗纳德·科斯被西方经济学家认为是产权理论的创始人、现代产权理论的奠基者和主要代表。科斯的产权理论主要包括交易成本、产权界定和资源配置三个方面,以交易成本为研究起点,以交易成本假设解释产权界定对社会资源配置效率的影响。他认为:"没有产权的社会是一个效率绝对低下、资源配置绝对无效的社会。能够保证经济高效率的产权应该具有以下的特征:一是明确性,即它是一个包括财产所有者的各种权利及对限制和破坏这些权利时的处罚的完整体系;二是专有性,它使因一种行为而产生的所有报酬和损失都可以直接与有权采取这一行动的人相联系;三是可转让性,这些权利可以被引到最有价值的用途上去;四是可操作性。"科斯认为产权和产权的法律界定是隐含在经济现象背后的经济运行规则及规定这些规则的制度基础。因此,界定产权是经济分析的首要任务,有利于明确规定当事人的权利范围,并通过权利交易和转移达到社会总产品的最大化。

赫尔南多·德·索托及其团队的调查发现,很多国家和地区僵化的资产堆积如山,在第三世界中,大约85%的城市土地和50%的农村土地,按照当前的使用方式,完全不可能创造出资本来。这些地区穷人所占据但不合法拥有的房地产,总体价值至少为9.3万亿美元。这个数字是美国流通货币总量的两倍,接近于全世界20个最发达国家主要股票市场所有上市公司市值的总和,相当于1989年之后的10年中所有第三世界国家获得的全部国外直接投资总量的20倍以上,或过去30年中世界银行提供的全部贷款的46倍,或者同一时间第三世界获得的所有援助总额的93倍!但是,这些国家却似乎一直处于资本不足的状态中。是什么造成了这巨大的反差?我们都知道资产可以用于满足眼前的物质需要,但常常忽视它的另一种功能——转化为资本。但资产并不是"生下来"就成为资本,我们需要确立一种过程,将资产的经济潜力固定成一种形式,使之产生剩余价值。否则,如同上面看到的,大量存在的只是僵化的资产。上述国家缺乏的,让资产转化为资本的关键过程,就隐藏在正规所有权体制中:所有权制度是把资产用于生产性目的,确认资产及其交易过程的存在,记录与财产相关的经济特征,乃至对财产的使用和转让进行管理的保证。正规所有权为财产的固定提供了必需的过程、形式和规则,使其得以转化为活跃的资本并加以使用。总而言之,正规的所有权不仅仅是用于分配的工具,更是促使人们创造价值的手段。它也不只是发放所有权凭证、对财产进行登记和绘图的过程,更是一种思维工具,恰如其分地对财产进行表述,让人们致力于使财产产生剩余价值。所有权制度的这些内涵,比所有权本身要重要许多(赫尔南多,2007)。

产权是经济所有制关系的法律表现形式,它包括财产的所有权、占有权、支配权、使用权、收益权和处置权。在市场经济条件下,产权的属性主要表现在三个方面:经济实体性、可分离性和独立性。产权的功能包括激励功能、约束功能、资源配置功能和协调功能。以法权形式体现所有制关系的科学合理的产权制度,是用来巩固和规范商品经济中财产关系,约束人的经济行为,维护商品经济秩序,保证商品经济顺利运行的法权工具。

土地产权是指有关土地财产的一切权利的总和,一般用"权利束"加以描述。土地产权包括一系列各具特色的权利,它们可以分散拥有,当聚合在一起时代表一个"权利束",包括土地所有权及与其相联系的和相对独立的各种权利,如土地所有权、土地使用权、土地租赁权、土地抵押权、土地继承权、地役权等。

2. 地租理论

英国古典政治经济学的创始人威廉·配第是最早提出地租理论的学者,并且第一次提出"级差地租"的概念。亚当·斯密进一步对级差地租进行了论述,他认为地租是土地所有权的结果,并阐释了绝对地租的存在和地租上升的趋向。卡尔·马克思在批判前人理论的基础上完善了级差地租理论，马克思按照地租产生的原因和条件的不同，将地租分为级差地租、绝对地租和垄断地租。

绝对地租。它是指土地所有者凭借土地所有权垄断所取得的地租。绝对地租既不是农业产品的社会生产价格与其个别生产价格之差，也不是各级土地与劣等土地之间社会生产价格之差，而是个别农业部门产品价值与生产价格之差。因此，农业资本有机构成低于社会平均资本有机构成是绝对地租形成的条件，而土地所有权的垄断才是绝对地租形成的根本原因。绝对地租的实质和来源是农业工人创造的剩余价值。

级差地租。马克思认为资本主义的级差地租是经营较优土地的农业资本家所获得的，并最终归土地所有者占有的超额利润。级差地租来源于农业工人创造的剩余价值，即超额利润，它不过是由农业资本家手中转到土地所有者手中了。形成级差地租的条件有三种：①土地肥沃程度的差别；②土地位置的差别；③在同一地块上连续投资产生的劳动生产率的差别。马克思按级差地租形成的条件不同，将级差地租分为两种形式：级差地租第一形态（级差地租Ⅰ）和级差地租第二形态（级差地租Ⅱ）。级差地租Ⅰ，是指农业工人因利用肥沃程度和位置较好的土地所创造的超额利润而转化为地租（由前两个条件产生）。级差地租Ⅱ，是指对同一地块上的连续追加投资，由各次投资的生产率不同而产生的超额利润转化为地租。级差地租Ⅰ和级差地租Ⅱ虽各有不同的形成条件，但二者的实质是一样的，它们都是由产品的个别生产价格低于社会生产价格的差额所产生的超额利润转化而成。级差地租Ⅰ是级差地租Ⅱ的前提、基础和出发点。

垄断地租。它是指由产品的垄断价格带来的超额利润而转化成的地租。垄断地租不是来自农业雇佣工人创造的剩余价值，而是来自社会其他部门工人创造的价值。

3. 成本理论

成本是商品经济的价值范畴，是商品价值的组成部分。人们要进行生产经营活动或达到一定的目的，就必须耗费一定的资源（人力、物力和财力），商品生产中使用各种生产要素的支出称之为成本。农村土地流转受机会成本和交易成本影响较大。

机会成本是指在经济活动过程中，因选择某种生产而不得不放弃进行其他生产可能获得的最大收入。会计费用往往低于机会成本，从管理经济学角度看，真实成本往往被低估了。理解机会成本时要注意以下四个问题：①机会成本不是做出某项选择时实际支付的费用或损失，而是一种观念上的成本或损失。②机会成本是做出一种选择时所放弃的其他若干种可能的选择中最好的一种，而不是总和。③机会成本并不全是由个人选择所引起的，其他人的选择会给你带来机会成本，你的选择也会给其他人带来机会成本。④运用机会成本这一概念时，要考虑两个条件，一是被配置的资源有多种用途，二是资源在不同用途都不受限制。

交易成本理论（transaction cost theory）是经济学家科斯1937年在其重要论文《论企业的性质》中提出来的。它的基本思路是：围绕交易成本（也称交易费用）节约这一中心，把交易作为分析单位，找出区分不同交易的特征因素，然后分析什么样的交易应该用什么样的体制组织来协调。科斯认为，交易成本是获得准确市场信息所需要的费用，以及谈判和经常性契约的费用。也就是说，交易成本由信息搜寻成本、谈判成本、缔约成本、监督履约情况的成本、可能发生的处理违约行为的成本所构成。

在农村土地的流转中,成本理论也广泛存在。比如机会成本,在土地承包经营权流转中,农民选择流转就失去了利用土地进行耕作的机会(彭朝冰,2013;彭开丽,2009),农民获得租金收益就要和失去的机会成本相对比,只有租金收益超过机会成本,农民才会出租土地;又比如交易成本,由于农村土地集体所有的特点,使得集体土地的权利主体呈现多元化特点,每个农民个体都是集体的有效组成部分,交易的达成需要征得每个村民的同意,交易的谈判和缔约成本就较高。

4. 供求理论

供求理论是在其他条件不变的情况下,需求变动(D)分别引起均衡价格和均衡数量的同方向变动;供给变动(S)引起均衡价格的反方向变动,引起均衡数量的同方向变动。

供给定理反映商品本身价格和商品供给量之间的关系。对于正常商品来说,在其他条件不变的情况下,商品价格与供给量之间存在着同方向的变动关系,即一种商品的价格上升时,这种商品的供给量增加,相反,价格下降时供给量减少。通俗地讲,市场价格越高,卖方愿意为市场提供较多的产品数量,即价格越高,供给量越大;价格越低,供给量越小。反映在图形上,二者的关系是一条向右上方倾斜的曲线(图1-1)。影响供给的也不止价格一个因素,如技术进步、生产力提高、成本下降、投入要素价格提高等,这时的影响是使供给曲线向左或向右移动。供给增加时,供给曲线向右移动,反之向左移动。

需求定理反映需求量与需求价格呈反向变动关系,当市场价格上升时,需求的数量会下降;当市场价格下降时,需求的数量会增加。根据需求定理,若以需求价格为纵轴,需求数量为横轴,那

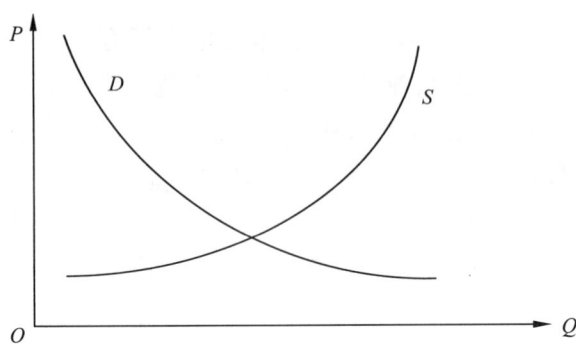

图 1-1 供求曲线

么需求曲线（D）就是一条向右下方倾斜的曲线（图 1-1）。影响需求还不止价格一个因素,如人们的收入发生变动,相关商品的价格发生变动,人们的偏好、消费风向发生变动,甚至消费的时间、地点发生变动,都会影响需求,这时需求曲线会向左或向右移动。需求增加时,需求曲线向右移动,反之向左移动。

5. 博弈理论

博弈论是研究决策主体的行为发生直接相互作用时候的决策,以及这种决策的均衡问题的理论。由于各参与主体所掌握的信息与相应诉求不同,所以各参与主体会选择不同的策略（行动）,以实现自身利益最大化和风险成本最小化。

博弈论又称对策论,起源于 20 世纪初,1944 年冯·诺依曼和摩根斯坦恩合著的《博弈论和经济行为》奠定了博弈论的理论基础。20 世纪 50 年代以来,纳什、泽尔腾、海萨尼等人使博弈论最终成熟并进入实用阶段。近 20 年来,博弈论作为分析和解决冲突及合作的工具,在管理科学、经济学、国际关系、计算机科学、军事战略和其他很多学科都有广泛的应用。简单地说,博弈论是研究决策主体在给定信息结构下如何决策以最大化自己的效用,以及不同决策主体之间决策的均衡。博弈论由三个基本要素组成:一是决策主体,又可以称为参与人或局中人;二是给定的信息结构,可以理解为参与人可选择的策略和行动空间,又叫策略集;三是效用,是可以定义或量化的参与人的利益,也是所有参与人真正关心的东西,又称偏好或支付函数。参与人、策略集和效用构成了一个基本的博弈。博弈论可以分为合作博弈和非合作博弈,两者的区别在于参与人在博弈过程中是否能够达成一个具有约束力的协议,倘若不能,则称非合作博弈(non-cooperative game)。合作博弈强调的是集体主义、团体理性(collective rationality),是效率、公平、公正;而非合作博弈则强调个人理性、个人最优决策,其结果是有时有效率,有时则不然。博弈论非常强调时间和信息的重要性,认为时间和信息是影响博弈均衡的主要因素。在博弈过程中,参与者之间的信息传递决定了其行动空间和最优战略的选择;同时,博弈过程中始终存在一个先后问题,参与人的行动次序对博弈最后的均衡有直接的影响。博弈的划分可以从参与人行动的次序和参与人对其他参与人的特征、战略空间和支付的知识、信息是否了解两个角度进行。把两个角度结合就得到了四种博弈:完全信息静态博弈,完全信息动态博弈,不完全信息静态博弈,不完全信息动态博弈。

  博弈论可以解释现实生活中许多问题,其理论同样可以运用到集体土地产权制度分析中。一方面,在一个集体组织内部,每个集体组织成员之间存在博弈,当然他们之间一般是重复博弈或多重博弈,因此更容易形成相互之间的信任,达成合作博弈。但如果集体组织成员与组织外的其他主体进行交易时,这种合作关系则不容易形成。另一方面,在国家征收集体土地过程中,也存在农民、集体、地方政府等各方之间的利益博弈。当农民觉得自己的土地产权利益没有得到合理的补偿时,他们会将自己的诉求通过各种途径、手段反映出来,包括阻止征地工作人员工作、拖延供地、集体上访等,为自己争取更多的权益。

6. 拉弗曲线理论

一般情况下,税率越高,政府的税收就越多,但税率的提高超过一定的限度时,企业的经营成本提高,投资减少,收入减少,即税基减小,反而导致政府的税收减少。描绘这种税收与税率关系的曲线叫作拉弗曲线,见图1-2。

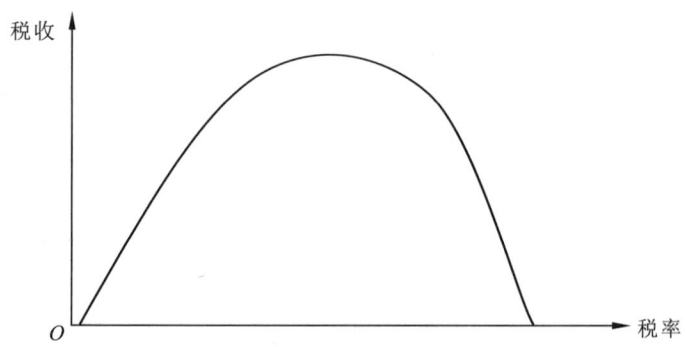

图1-2 拉弗曲线

拉弗曲线理论是由供给学派代表人物、美国南加利福尼亚商学研究生院教授阿瑟·拉弗提出的。该理论主张以大幅度减税来刺激供给从而刺激经济活动。拉弗曲线的基本含义是,税收并不总是随着税率的增高在增高,当税率高过一定点后,税收的总额不仅不会增加,反而还会下降。因为决定税收的因素,不仅要看税率的高低,还要看课税的基础即经济主体收入的大小。过高的税率会削弱经济主体的经济活动积极性,因为税率过高企业只有微利甚至无利,企业便会心灰意冷,纷纷缩减生产,使企业收入降低,从而削减了课税的基础,使税源萎缩,最终导致税收总额的减少。当税收达到100％时,就会造成无人愿意投资和工作,政府税收也将降为零。

另外,税率过高不仅使企业微利甚至无利,企业会心灰意冷,而且还可能促使企业偷逃税,从而导致税收总额的减少。如果用开口朝下的一个抛物线的高度表示税收,两个底端的连接线表示税率,把横竖两条直线交叉成一个直角坐标,这便构成一个标准的拉弗曲线。拉弗曲线表明了税收与税率之间的关系:当税率为零时,税收自然也为零;当税率上升时,税收也逐渐增加;当税率增加到一定点时,税收额达到抛物线的顶点,这是最佳税率,如再提高税率,则税收额将会减少。

在集体建设用地流转收益中,政府参与农民集体建设用地流转收益的比例该怎么确定,拉弗曲线可以提供有效的指导。根据拉弗曲线理论,如果政府收取的税费较低,那么政府得到的收益就很小,但是如果政府收取的税费过高,农民集体建设用地流转的收益大部分都被政府收走,那么农民流转集体建设用地的意愿就会大大降低,且可能导致大量私下隐形交易以避开政府税收的现象出现,反而使政府的税收减少。

7. 土地发展权理论

由土地用途的变更和城乡规划的调整而产生的土地增值收益,在不同的利益主体间应当如何分配,才能兼顾效率与公平,是土地管理、城乡规划和经济社会发展等领域的重要课题,也是世界各国普遍面临的棘手问题。土地发展权有狭义和广义两种理解。狭义的土地发展权,主张它是土地所有权人将自己拥有的土地变更用途或在土地上兴建建筑改良物而获利的权利,如农用地转为建设用地和农村存量建设用地直接进入土地一级市场而获取收益的权利。广义的土地发展权涉及土地利用和再开发的用途转变及利用强度的提高而获利的权利,包括在空间上向纵深方向发展、在使用时变更土地用途的权利(王永莉,2007)。在本书的研究中,主要研究狭义的土地发展权。

土地发展权就是土地开发利用的权利,因土地管制和土地规划而形成,是一种可与土地所有权分割而独立存在的权利,是社会经济发展的产物,该制度最早产生于20世纪40—50年代的英国,随后在美国、法国等国相继建立(王浩魏,2013)。西方发达国家一般实行土地私有制,土地流转收益归土地所有者所有。但对于土地改变用途、改变规划条件等原因导致产生增值收益的,世界各国对增值收益分配有不同的认知和处理方式(高洁等,2011;冀彩芳,2012)。

英国的土地发展权归国家所有。英国是世界上第一个设立土地发展权的国家。1947年,为了解决因实行土地规划和用途管制而出现的土地开发利益不均衡的问题,英国《城乡规划法》规定,任何土地权利人只能在原有用途内使用土地,原私有土地所有人或其他使用人在变更土地用途之前,必须向政府购买土地发展权;如果因政府的土地使用计划变更导致私有土地的用途变更,使土地的价值降低时,政府应赔偿因底价降低给土地所有人造成的损失。土地发展权的价值,以土地用途变更后自然增长的价值来计算。

美国的土地发展权归土地所有者享有(施思,2012)。美国最初设立土地发展权制度的目的是保护农地。美国的土地发展权制度主要由土地发展权转让制度和土地发展权征购制度组成。其中,土地发展权转让制度将土地分区为受限制开发区(又称作发展权转让区)和可开发区(又称作发展权受让区),土地发展权转让区是根据规划需要保护的区域或者是禁止工商业开发的区域,通常是农业用地区、自然环境脆弱区、需要保存开阔空间地带区、野生动植物栖息区、历史性建筑保护区以及环境保护区等;土地发展权受让区是根据规划可以进行土地开发建设的区域,通常是城市中心地带。土地发展权转让制度的实施由政府主导建立土地发展权交易市场,以方便受限制开发区和可开发区之间的土地权利人开展土地发展权的交易。交易的基本流程是受限制开发区卖出土地发展权,可开发区买入土地发展权。买入土地发展权的土地开发商可以享有在可开发区原有土地上进行额外开发的权利,从而获取更多的土地增值收益;转让区的土地发展权卖出后,土地的原有用途就被明确固定下来,土地权利人只能按原用途来利用土地,而不能改变原用途以寻求更大的发展机会。通过土地发展权的转让,美国在土地受限制开发区和可开发区之间架起了调节这两类地区因土地用途管制而产生的利益不平衡的市场协调机制。土地发展权征购是由美国各州及地方政府用公共资金按市场价格向土地所有者征购土地发展权,换取农民对该区域土地的开发,以保护农地,特别是城市周边的优质耕地。当然,国家购买发展权是建立在自愿基础上的,即国家须与土地所有权人协商一致才能购买土地发展权。因此,国家要想通过购买土地发展权达到保护农地的目的,一方面要受到土地所有人意愿的限制,另一方面也要受到财政资金压力的限制。

  法国既不像英国将土地发展权收归国有,也不像美国将发展权赋予土地所有者(开发者),而是将超过"法定密度极限"的开发权收归国家,形成了自己特有的土地发展权制度。法定密度极限也称作容积率上限,指政府对开发土地的建设权设定了一个上限,上限指标采用建筑面积与占地面积之比即容积率来控制,在上限指标范围内的建设,开发者有自主权,超过该限度则开发建设权归国家。不过,建设开发者可以通过向政府支付一笔费用购买超过限度标准以上的部分建设权。政府则通过卖与不卖和调整超限度开发费这两种方式来保护耕地,维护国家利益。

第三节 国内外研究现状

一、国外研究现状

罗纳德·科斯认为产权和产权的法律界定是隐含在经济现象背后的经济运行规则及规定这些规则的制度基础。因此,界定产权是经济分析的首要任务,要明确规定当事人的权利范围,并通过权利交易和转移达到社会总产品的最大化(Ronald,1937;1960)。科斯的交易成本理论表明,如果交易成本大于零,则不同的土地产权制度安排具有不同的资源配置效率。理查德·A·波斯纳(1997)提出了判断财产权制度是否有效率的三条标准,也被称为产权三大特性:一是普遍性(universality),二是排他性(exclusivety),三是可转让性(transferability)。产权的普遍性也称作产权的全面性,是指所有有价值的资源都应当有主,并且权利主体应当享有产权赋予的各种权能或称为权力束。产权的排他性是指产权对于主体来说具有独立性或绝对性,此人拥有产权就排除他人对产权进行干涉、利用、享有的权利。如果排他性越高,则个人会更有效地支配利用资源;反之,如果没有排他性,则人人可搭便车,产权就很容易遭到他人的干预,效率就会降低。产权的可转让性是指产权可以在不同的主体之间进行流转,产权具有可转让性意味着资源能够通过市场交易流向最有效率利用该资源的主体手中,从而实现资源的优化配置,提高资源的利用效率。越符合这三个标准,产权就越有效率。

诺斯(1973)曾经为西方世界的现代经济增长做过一个简明的结论,即有效的经济组织(产权)是经济增长的关键。不过他后来发现,有效产权安排只是国家与私人努力互相作用所产生的多种可能结果中的一种,而不是在相对要素价格变化条件下必然而唯一的结果。当新兴产权及其代理人的集体行动,强大到可以迫使国家及其代理人只有通过保护有效产权来谋求自身的利益,才可能出现一个对双方互利的结果。国家在此基础上追求租金最大化,产权则在此基础上成为逐利行为的规范。诺斯和托马斯认为,资源权利被界定的精确度和实施他们的严格程度一般随资源的增值而提高。对低价值的资源来说,边界划分常常是松散的,但随资源价值的升高,特别是相对价格的提升,就会产生更清晰界定相关要素产权的要求,原先松散的边界划分注定是不可持续的,权利需要更精确界定是一个必然的规律。如果制度不能进行调整以反映稀缺资源新的增值,那么经济体中将出现扭曲,地方政府、村集体以及其领导者能够从这种不清晰的产权界定中获得巨大的利益,摩擦、矛盾、谈判等行为将消耗很多资源利用的潜在租金,甚至有可能爆发冲突(North,1973)。国外有类似的大规模冲突的例子,哥伦比亚、危地马拉、萨尔瓦多等地的暴力冲突都是对土地潜在租金分配权的争夺。近年来,我国城市扩张中因为土地征收也产生一些纠纷、摩擦、甚至暴力冲突,其原因也是潜在租金的分配不合理(Egbu,2008;Gray,2009)。

有学者认为地权稳定性是土地产权所有者进行长期投资的关键,这些权利受到的限制越多,投资激励越弱,相应土地产权的稳定性也就越低,经济发展水平不同的农户对农地的态度、农地流转的认知度和接受度、参与流转的积极性都有所不同。农村土地产权的不稳定性会降低农户对农村土地进行长期投资的积极性并带来农业生产率的损失,同时也导致了农村土地市场的细分和零散,降低了农村土地租赁市场化运行水平(Banerjee,2002;Binswanger,1995)。对于私人而言,私人所有权对其长期效用具有激励作用(Jensen,1976)。有文献对这种不稳定地权对农业投资的影响程度的大小进行了定量化研究,通过数学模型的分析得知,有安全保障的土地租赁制度会促使穷人家庭将63%的土地面积用于出租,从而对穷人家庭福利改善产生积极的效果(Samsura,2010;Frank,2001;Rodgers,2009;Soule,2000)。

改革开放后,国外学者对我国农村土地制度等问题的研究掀起了不小的热潮。这些研究尽管角度和侧重点不同,观点甚至针锋相对,但对于促进我国的农村土地制度建设颇有益处。例如,Putterman(1995)等学者利用"公有物悲剧"理论和分析方法,对我国农村土地所有权制度进行研究和分析后认为,中国的农村土地所有权与其说是农村集体所有权,不如说是一种地方政府的所有权,这种土地所有权制度不可避免地导致中国农村土地资源过度开发和利用,必须将中国农村的集体土地所有权制度改革为土地私人所有权制度,才能避免农村土地的过度开发和利用,实现农业和农村经济的持续发展。而Elinor(1990)却认为,集体土地产权比私有产权拥有更多的益处,如更低的制度成本、规模经济以及风险更低等,在一些特定的自然、社会和经济条件下,集体土地产权制度可能产生更优的绩效和结果。

在促进农村土地流转,扩大农业用地经营规模,给离农农民补偿方面,西方国家也取得了许多先进的实践经验(姜爱林,

2012；钟涨宝等，2010）。英国通过法律手段促进农村土地的流转，鼓励通过扩大农场经营规模等多种方式，转变农业经营模式，进一步促进农业发展。经修订的《农业法》规定，合并小农场，政府提供所需费用的50%，而愿意放弃经营的小农场主，可以获得2000英镑以下的补助金，或者每年发放275英镑以内的终身年金（华彦玲等，2006）。除此之外，政府对农产品差价补贴的数额也基本取决于各个农场的播种面积和销售数量，农场的规模越大，农场主获得的补贴就越多。因此，在政府鼓励、市场竞争、农业技术改进等因素的共同作用下，英国的农用地实现了有效流转，农场的数量逐渐减少，农业规模化经营程度逐步扩大，逐步形成了规模化、现代化、科技化的农业发展现状。在英国，私有土地可以自由交易，但土地所有者并不能擅自变更土地的农业用途，政府通过这种土地用途管制来保护农业发展。法国政府采取了一系列措施来促进农业的规模化发展，成立了"土地整治和农村安置公司"来负责收购小片土地，以优惠的价格卖给农场；对中等农场在土地购买、贷款和税收上给予优惠；给年龄在55岁以上的农民一次性发放"离农终身补贴"，鼓励他们离开农地，提供更多的土地给农场扩大规模；鼓励部分青年农民到工业、服务业去投资或就业，政府给予奖励性的赔偿和补助，等等（范怀超，2010）。除此之外，法国还通过一些法律上的规定来保护土地，促进土地的流转。如私有农地一定要用于农业，不准弃耕、劣耕和在耕地上搞建筑；土地转让不准分割，只准整体继承或出让；设置土地事务所和土地银行等相关机构促进土地的有效管理和流转；土地转让或租赁必须经过管理机构，不获其批准，土地转让无效。日本是一个人多地少的国家，特别是耕地尤其少，但日本的农业却十分发达，其改革经验值得我们借鉴。日本政府从20世纪60年代初期开始,采取了一系列的法律和行政手段来扩大农业经营规模、促进农地有效流转(包括所有权转移和租赁)及协作经营,由小农经济向"农业规模经济"转变。在20世纪60~70年代,随着经济的发展,土地价格成倍增长,土地不再仅是一种生产资料,更被农民视为一种财产,由此增加了农民的"惜地"心理,个体农户一般不愿再出卖土地,农地集中战略遇到了难以克服的障碍,政府农地改革的重点由鼓励农地集中占有开始向分散占有、集中经营和作业的新战略上来。20世纪70年代开始,日本连续出台了几个有关农地改革与调整的法律,鼓励农田的租赁和作业委托等形式的协作生产,以避开土地集中的困难和分散经营的土地占有给农业发展带来的阻碍因素。采取的措施主要有:第一,提高农户购买或租地的最低数量标准(从原先的0.3公顷提高到0.5公顷),取消农户购买或租地的最高面积限制(3公顷)。第二,允许由农户合作、合资组织起来的农业生产法人自由购买和租用农地,合作社可以经营社员委托的土地;解除对土地租金的最高限制,放宽对出租农户资格的限定。第三,国家为防止已经独立经营或将要独立经营的家庭农业经营等零星化倾向,在继承遗产时,要采取由共同继承人中的一人能够继续担负以往农业经营的必要措施。第四,专门成立不以盈利为目的的农业土地管理公司,以方便农户之间土地的出让和出租;扶持和发展各种农业协作组织,扩大土地作业规模。通过经营委托、作业委托、参加合作农业组织等多种方式,促进大面积土地集中连片经营,采用先进技术设备,提高土地经营的规模效益。日本农业协作组织在农业的发展中起到了关键的作用。目前,日本99%的农户参加了农业协作组织(梅琳,2011),农业协作组织不仅促进了农民的相互合作,也成为了农村土地流转过程中最重要的媒介,加快了土地流转的速度,提高了流转的效率,为农民参与土地流转提供了有效的保障。此外,日本允许由农户合作、合资组织起来的农业生产法人自由购买和租用农地,限制其他非农业公司法人介入农地经营的做法也值得我们借鉴,因为非农业公司法人往往是以盈利为主要目的,往往会改变农地用途或从事高附加值的非粮食作物生产,对粮食安全会造成一定的影响。

在土地流转收益方面,西方发达国家一般实行土地私有制,土地流转收益归土地所有者所有,但对于土地改变用途、改变规划条件、保持土地利用现状等土地增值收益分配方面各国规定有所不同。英国土地发展权归公,美国土地发展权归私,法国将超过"法定密度极限"的开发权收归国家,都形成了自己特有的土地发展权制度。

二、国内研究现状

在我国农村集体土地产权制度及存在问题方面,林毅夫(2008)认为我国"三级所有,队为基础"的农村土地制度有很大弊端,一是该产权制度安排,对任何单个社员来说都不拥有相对于其他成员的对生产资料排他性使用权、收益权和处置权。在这种背景下,公有财产收益或损失对每个当事人都有很强的外部性,这种外部性随集体经济成员的扩大而加强,这导致劳动监督成本太高。二是由于该产权制度的目标是追求将社区内的不平等减少到最低程度,因而这种制度缺乏劳动激励规则,从而出现了劳动激励缺乏的问题。北京大学国家发展研究院综合课题组(2010)研究认为,形成于国家工业化时代的农村集体土地所有制,在农民、集体和国家之间的权利界定方面,带着与生俱来的先天模糊性。在禁止土地流转的情况下,此种权利模糊虽然导致资料配置的效率低下，但影响不大。一旦土地开始流转，模糊的产权很容易为互相侵犯权利提供"方便"。学术界普遍认为，我国现行的农村集体土地所有权制度存在诸多缺陷，比如："农民集体"尚未成为真正意义上的民事权利主体，土地类型化的不科学阻碍了土地的集约利用，集体土地所有权能严重缺失，集体所有权性质模糊（佟绍伟等，2009；叶建雄，2009；刘小红等，2011；余艳琴等，2004）。围绕农村集体土地所有权的改革与发展，学术界展开了广泛的讨论，逐渐形成了农村土地国有化，私有化，国家所有、集体所有和农民私人所有并存等几种重构集体土地所有权主体的改革方案（曾超群，2010；解玉娟，2009；吴克宁等，2005；朱显荣，2008）。

在集体土地的权利主体方面，钱忠好（1999）认为家庭是当前中国农村土地微观产权主体的最佳组织形式。吴敬琏（2004）在分析农业生产具有低成本交易、低决策成本、低分配成本、低管理成本等优点后，认为农业是一个适宜于家庭经营的生产部门，家庭经营形式具有无可比拟的优势。王安岭（2002）引入永佃制农村土地制度框架，明确提出土地经济所有权归农民，土地法律所有权归国家，法律所有和具体经济所有相分离的概念，形成农民土地承包经营权与经济所有权相结合的土地经营制度格局，构筑中国农村土地市场发育的产权基础。高飞（2009；2011）认为，中国农地的症结主要源头在集体所有权，并非承包经营权，摒弃集体土地所有权从生产时就具有的公权（力）属性，以法律的形式明确集体土地所有权的私权（利）性质，促使集体土地所有权自公权（力）主导回归私权（利）自治，是农村土地法律制度完善的有效途径。

在集体土地成员资格的确定方面，徐培根（2010）认为，农村集体成员资格认定大体上可分为三种：以第一轮或第二轮土地承包时的承包地或划地人口为依据；以现有集体经济组织的在册人口为依据；以第二轮土地承包日期起为时限的年龄段为依据，包括死亡人员、新生婴儿、迁出迁入人口。随着社会经济的发展，集体成员资格界定越来越困难，一是部分地方的户籍制度改革，使户籍的迁移变得相对容易和简单，使原来单纯以户籍作为判断集体成员资格的标准难以适用；二是身份变化所引起的农民集体成员资格取得和丧失界定难。蔚琼琼（2010）认为，确定成员资格，需要成员具有本集体经济组织农业户口，还要从事农业劳动。郭晓鸣（2011；2012；2013）认为，农村土地确权的难点在于集体经济组织成员对集体所有土地的个人权利与农户承包经营的财产权利的矛盾，要解决这个矛盾，只有将集体经济组织成员对该组织土地承包经营权和其他集体资产的权利固化到某一个时点，将农村集体经济组织的成员权利与财产权利统一，农民若在该时点拥有某集体经济组织所在区域的户口就是该集体经济组织的成员，否则就不是该集体经济组织的成员，这个理论在成都市的实践中得到了充分验证，普遍为广大农民所接受，但是在确定权属之前，基本上每个村都进行了一次土地重新分配。

在农村土地权利制度改革方面，贵州湄潭进行了"增人不增地、减人不减地"（陈锡文，1994）改革创新；成都温江区开展了"双放弃、三保障"的统筹城乡改革实践探索["双放弃"是指农民放弃宅基地使用权和放弃土地承包经营权，"三保障"是指农民变成市民需要的三个保障条件，一是能够在城市的二三产业就业，二是可以享受各种优惠在城市购买住房，三是能够享受城市居民享受的就业和社会保障等社会公共服务（张力等，2013）]；重庆开展了"土地换户口"的城镇化实践（张蔚，2011；曾昭盛，2010；黄志亮等,2011);天津开展了宅基地换房(徐挺等,2009);浙江嘉兴构建了"两分两换"(所谓"两分两换",就是将宅基地与承包地分开、搬迁与土地流转分开,以承包地换股、换租、换保障,以宅基地换钱、换房、换地方,推进集中居住,转换生活方式)模式(郑兴明,2012)。各地的改革探索,取得了一批宝贵的实践经验。我国自2016年实行农地承包经营权"三权分置"改革后,2018年中央一号文件进一步提出了宅基地"三权分置"的要求。"三权分置"是指将集体土地所有权、资格权(农地承包权和宅基地资格权)和经营权(农地经营权和宅基地使用权)分置,核心是放活经营权。有学者认为,"三权分置"后,存在权能确定困难、家庭经营基础性地位从内部和外部受到冲击、集体经济组织联合功能弱化、新型农业经营主体发展不足、社会化服务的组织不健全五大难题(陈泳,2017)。从长远的战略趋向看,承包权不可能让农民永远带进城市不变,当中国城镇化进程基本完成时承包权最终可以流转(张守夫等,2017)。

在推动城乡统筹发展,促进农村土地流转方面,有学者认为在新型城镇化背景下,农地经营权流转与农民工市民化是我国现代化的必然过程,土地规模化经营已然成为中国农业未来的发展趋势(吴春宝,2015)。农民工市民化与农村土地流转之间存在着持续的互动关系,一方面,农民工市民化对农村土地流转提出了迫切需求;另一方面,农村土地流转为农民工市民化提供了必要的资本支持(徐美银,2016)。也有学者认为新型城乡发展要求要素的充分流动,对大量流入城市的农村人口而言,农村土地既是束缚,也是保障(李涛,2017)。市民化程度较低的兼业者、农民工对农村土地产权具有现时性偏好,比较重视土地的现时价值,倾向于直接经营土地或以短期方式不完全流转土地;市民化程度较高的准市民、市民则对农村土地产权具有长期性偏好，比较重视土地的未来价值，倾向于以长期方式不完全流转土地或以完全方式流转土地。需要保证产权结构具有一定弹性，适应不同市民化程度农业转移人口的异质性需求（徐美银，2015）。要及时解决进城农民退地补偿方案、留地制施行期限、户籍制度改革中的土地确权、承包地合理利用、"逆城市化"回迁等问题，积极推进户籍制度与土地制度改革的互动（金励，2017）。

在农村集体土地流转收益分配方面，冯子标（2002）认为土地市场化是解决"三农"问题的根本出路。他认为土地价格市场化，就是增强内生变量对价格有效反映的根本途径，使土地价格确实反映其稀缺程度。刘红梅等（2003）在较为系统地分析了我国农村土地市场后，认为应该将土地市场的各个子市场视作一个有机整体进行研究。他们归纳出农村土地市场体系并对土地市场供给和需求约束从宏观、微观两方面做了深入的分析，同时还分析了地产市场竞争的缺陷，从定量分析上论证了土地价格波动的原因和特性，指出了必须从宏观和微观两方面系统地推进农村土地市场建设。郭君平等（2018）基于我国东中部6省1 604户农户的调研表明，农地转入的增收效应显著，但农地转出无此效应。

对于农村土地征收补偿，王小映等（2006）在对昆山、桐城、新都三个地方调研表明："与土地增值收益和土地供应价格相比，征地补偿的具体执行标准显得过低，导致政府可以取得的土地增值收益空间过大，并且土地增值收益主要集中在县、市级政府，绝大部分用于城市建设和城市土地开发。多数学者认为农户得到的增值收益很少，增值收益分配不合理，征地补偿标准低、使用和分配不规范是目前征地制度存在的最大问题，主张运用税收等手段对这些增值所得进行调节以促进社会公平（邓宏乾，2008；高雅，

2008;廖小军,2005;姚锋,2007;张斌等,2009;诸培新等,2012;底亚玲等,2006;郜瑞燕等,2013;矫鹏,2010;彭朝冰,2013;杨静,2013)。陈莹等(2009)对543户农民意愿的调查分析表明,虽然大多数的农民愿意接受公益性比非公益性土地征收补偿低的做法,但是要对公益性和非公益性征地补偿作区别对待,严格界定公益性征收范围,合理补偿,对非公益性使用情况的征地,要逐步建立城乡统一建设用地市场,补偿标准既要涵盖经济损失也要包括非经济损失,按照市场价格进行补偿。

  对于土地增值收益的分配,争议也比较多。有学者认为农村土地增值对农民市民化均衡的实现具有重要贡献,农地经营性和财产性收益的增加、城镇用地节约集约利用水平的提升可显著降低农村转移人口规模、耕地占用数量,并抵御农村转移人口的失业风险,进而降低城镇化进程的成本(彭建超,2017)。农地流转过程中存在集体土地流转收益分配不合理、土地经营权流转不规范、市场机制不健全、政策措施有待加强等诸多问题,需要完善农地流转中农民权益保障机制(何沙,2016)。邓宏乾等(2008)认为土地用途转换引起的增值是由于土地利用类型变化而引起的,一般来说分配的主体就是政府与农村集体经济组织和农户。持"涨价归公"观点者认为,由于社会的发展变化才导致土地的增值,即这部分价值是由整个社会创造的,应该全部归政府支配。而持"涨价归私(农)"观点者依据农民应该拥有所耕种土地的完整的产权,无论所耕种土地发生怎样的变化,其所有者应该获得所有的权益(蒋炳镇,2012;刘乃安,2013;王小鲁,2012)。以周诚(2006)为代表,部分学者对"涨价归公(私)"论(制)持批判继承的态度,主张采取"私公兼顾"论(制),即首先对失地农民进行补偿,剩余部分收益则用于加强农村建设(袁苗,2006;赵秀清等,2008;

朱德开等,2006)。朱一中等(2012)认为内存土地流转收益应该在政府、农民、企业之间合理分配,并给出了合理的分配比例。北京大学国家发展研究院综合课题组(2010)等认为,要全面改革土地税费制度,使政府的财政基础从单一依靠国家征地卖地所得,转向"普遍的资源(土地)税加合理的流转税",也就是转向约束资源的占有、鼓励资源有效利用与转让的税费体系。改革城乡基础设施投资与建设体制,更广泛动员多元的社会资本参与城乡建设,使"产改"既能够带动新产业、刺激新经济增长点,又能够提供更公正、更宽厚的政府财税基础。

三、研究文献评述

土地是农民的立命之本,农村土地制度是农村经济制度的基础和核心,这一制度安排合理与否,不仅关系到农村土地能否得到充分合理利用,关系到农村经济的全面发展,而且关系到国民经济和社会的可持续发展。国外非常重视对财产权的保护,对土地的产权研究理论比较丰富,比较注重理论研究框架。研究普遍认为土地产权要有明确的主体,要具有排他性,要能有效率地流转,在这方面的研究成果值得我们借鉴。但在产权的归属上,多数研究认为私有化是保护土地产权的最有效形式。同时,国外土地私有化产权模式下的土地出租、兼并、家庭农场式经营、土地流转市场的建立、农业协会的组织等先进经验值得我们借鉴。由于我国农村土地集体所有制的特殊产权形式,该制度的运行也引起国外众多学者的广泛关注,相关的研究成果也比较丰富,但研究成果多为批判该制度存在的问题,或该产权运行效率的经验总结,而对于在现有产权制度下如何改进则往往缺乏具体的研究。

从国内的相关研究文献来看,农村土地的研究成果十分丰富,把我国农村土地制度目前存在的问题剖析得非常透彻,但对于如何对农村集体土地产权主体进行改造和完善,观点迥异,形成了国有化、私有化、共有产权改造等多种观点。对集体土地流转的增值收益分配也形成了涨价归公、涨价归私、公私兼顾等不同的观点,但是这些观点仍都局限于理论研究,缺乏实践的土壤,未能经过实践的检验,其可行性和可操作性不得而知。

综上,国内外对农村土地产权及流转的研究较多,已经取得了一些具有理论和实践意义的成果,但现有的研究成果还具有一定的局限性,研究成果往往滞后于发展情况,其指导性还不够,对不同区域、不同类型地区、不同条件下的差异性研究欠缺。比如:国内对农村土地产权主体改造的案例及实践经验比较丰富,但目前的研究仍多集中于农用地研究方面,对农村集体建设用地方面的研究较少;对集体建设用地流转的呼声较高,但是对具体实践中该怎么合理分配土地流转的增值收益研究得较少;对城市郊区等经济较发达地区农村集体建设用地流转关注较多,对偏远、落后地区农村集体建设用地的关注不足,对如何平衡不同地区集体建设用地流转收益差别的研究较少;对严格区分公益性用地和经营性建设用地、进行土地征收改革的研究较多,但是针对二者如何制定差别化补偿模式研究得较少;对发展权归公还是归私的争论不少,但是对于发展权的如何实现研究不多。

第四节 研究的思路框架

本研究的思路框架如图1-3所示。

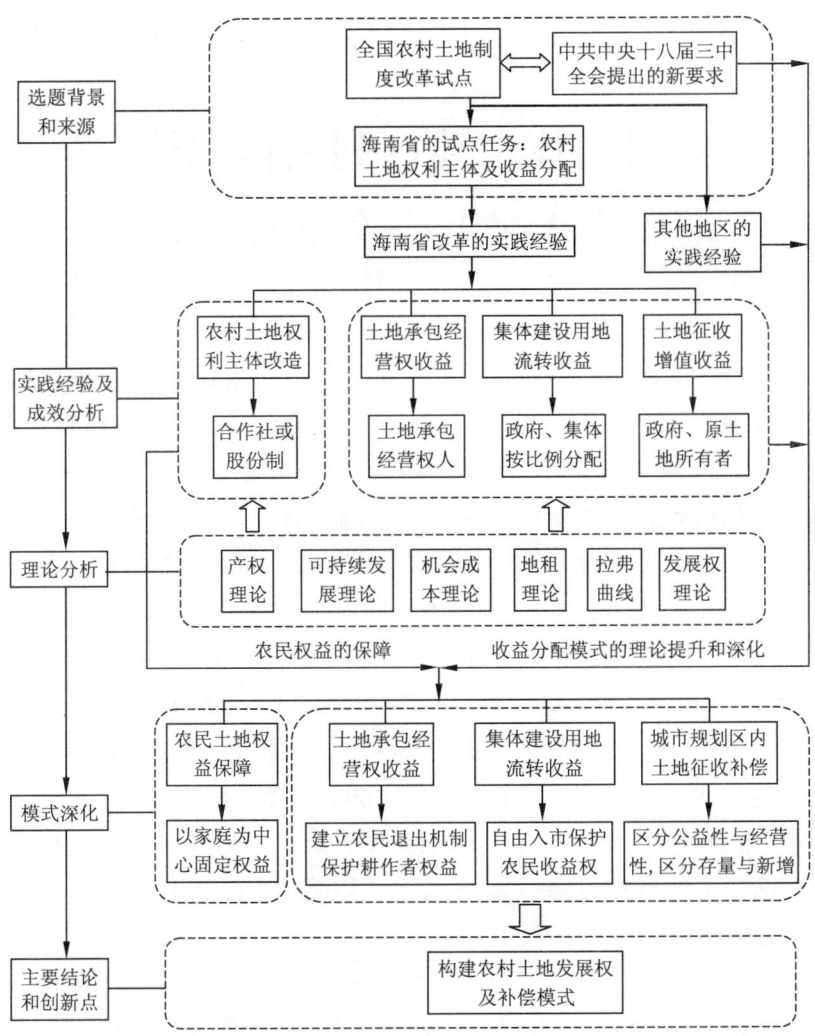

图 1-3 研究的思路框架

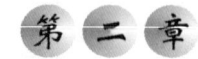

第二章

农村集体土地权利主体改造：合理分配土地收益的前提

土地产权是农村土地制度的基础。中华人民共和国成立以来，我国农村土地产权经过了农民私有、分散经营，农民私有、互助合作，集体所有、统一经营，集体所有、家庭承包的制度变迁。集体所有、家庭联产承包的农村土地制度在一定时期对促进农民生产互助、维护社会公平、保障农民基本生活条件发挥了极大作用。但在近些年我国进入城市化和工业化高速发展阶段之后，农村的温饱问题早已解决，农村土地的生活保障功能逐渐减弱，农村土地的流转需求大大提高。在农村土地进入市场的过程中，现有的农村土地产权制度就出现了集体土地权利主体无法与市场对接，集体与成员之间权利不清、义务不明等问题，现有的农村土地产权制度又显现出了诸多缺陷和不足，积累了不少矛盾和问题，已经不能适应社会发展的需要。因此，对农村土地权利主体进行改造，是社会经济发展的需要。

第一节 我国农村集体土地制度变迁及当前面临的问题

一、农村集体土地制度变迁

1. 农民私有、分散经营（1949—1952 年）

1949 年 9 月 29 日，中国人民政治协商会议第一届全体会议

第二章 农村集体土地权利主体改造:合理分配土地收益的前提

制定了《中国人民政治协商会议共同纲领》(简称《共同纲领》)。《共同纲领》指出,要有步骤地将封建半封建的土地所有制改变为农民的土地所有制。为了保障农民的土地所有制权利得以实现,广大地区采取了发动广大农民集体,建立农民团体,清除土匪恶霸,向农民分配土地以及对农民进行减租减息等措施,进而实现"耕者有其田"的目标。接着,中共中央人民政府于1950年6月28日颁布了《中华人民共和国土地改革法》,其中第一条规定:"废除地主阶级封建剥削的土地所有制,实行农民的土地所有制,借以解放农村生产力,发展农业生产,为新中国的工业化开辟道路";第十条规定:"所有没收和征收得来的土地和其他生产资料,除本法规定归国家所有外,均由乡农民协会接收,统一、公平合理地分配给无地、少地及缺乏其他生产资料的贫苦农民所有";第三十条规定:"土地改革完成后,由人民政府发给土地所有权证,并承认一切土地所有者自由经营、买卖及出租其土地的权利",进一步加快了中国农村土地产权制度改革的进程。自此,以农民的土地私有制取代了地主的土地私有制,从而使广大农民取得了农村的土地所有权。

土地改革前,全国近七成的农业人口没有土地,土地改革完成后,贫农、中农占有的耕地面积占全部耕地面积的90%以上,原来的地主、富农只占有8%左右的耕地面积。此时农村土地产权的基本特征是:实行农民私有制,农民拥有比较完整、独立的土地产权,是一种集所有权、使用权、收益权和转让处置权于一体的完整的产权结构。土地的所有权和使用经营权高度地统一在农民家庭,使广大农民实现了"耕者有其田"的梦想,成为土地的主人,对农业生产有了极大的积极性。

2. 农民私有、互助合作（1952—1956 年）

土地改革完成以后，农民虽然分得了土地等生产资料，生产和生活条件也得到了很大改善，但由于当时农村生产力极其落后，农民拥有的生产资料和生产工具严重不足，不少农民在生产中遇到了很多困难。为了避免这一问题，从 1952 年起，全国开展了农业生产合作化运动。

1953 年 2 月 15 日，中共中央发布了《关于农业生产互助合作的决议》，开始引导农民走合作化道路。1953 年 12 月 13 日，中共中央又发布了《关于发展农业生产合作社的决议》，要求"必须采取说服、示范和国家援助的方法使农民自愿联合起来"。1954 年 9 月 20 日，我国第一部《宪法》颁布，其中第八条规定："国家依照法律保护农民的土地所有权和其他生产资料所有权。"此时，农村土地农民私有的产权性质依然受《宪法》的保护。

1956 年 3 月 17 日颁布的《农业生产合作社示范章程》第十七条规定："社员的土地必须交给农业生产合作社统一使用，因为农业生产合作社组成的基本条件，就是把社员分散的土地联合起来，加以合理和有计划地经营"；第十八条规定："在农业合作社的初级阶段，以合作社社员入社土地的数量和质量，从每年的收入中付给社员适当的报酬。"由此可以看出，此时实行入社土地报酬和劳动报酬并列的分配方式，允许农民以入股的土地作为利益分配的依据，表明此时农村土地所有权的主体依然是农民，农村土地农民私有的所有权制度并没有改变。只是在初级合作社中，农民必须以土地入股，并将土地集中统一经营，农民在一定程度上已经丧失了对土地直接占有、经营和处分的权利。

3. 集体所有、统一经营（1956—1978 年）

1956 年 6 月 30 日颁布的《高级农业生产合作社示范章程》第

第二章 农村集体土地权利主体改造：合理分配土地收益的前提

一条规定："农业生产合作社是劳动农民在共产党和人民政府的领导和帮助下，在自愿和互利的基础上组织起来的社会主义的集体经济组织"；第十三条规定："入社的农民必须把私有的土地和牲畜、大型农具等主要生产资料转为合作社集体所有""社员私有的生活资料和零星的树木、家畜、小农具、经营家庭副业所需的工具，仍属社员私有，都不入社""社员土地上附属的私有的塘、井等水利设施，随着土地转为社集体所有"。1957年冬至1958年春，全国发动了数千万农民在农村掀起了规模空前的农田水利建设热潮，由于一些大型工程需要投入大量人力、物力和财力，不少地方干部自发地将农业合作社合并为大社，试图通过并社集中劳力、物资和资金等解决所面临的问题。同时，中共中央也对这种不受社界、乡界、县界所限制的组织协作的行为给予了高度评价，认为把规模较小的农业生产合作社合并为较大的工农商学兵合一的、乡村合一的、集体化程度更高的人民公社，是当前农业生产飞跃发展、农民觉悟迅速提高的必然趋势。从而，声势浩大的人民公社化运动在全国农村迅速展开。

人民公社时期的生产资料及土地所有权主体形式也几经变化。1959年4月中共中央在《关于人民公社的十八个问题》中规定，公社实行三级所有，以生产大队为基本核算单位，基本核算单位下面的生产队是包产单位，对土地、农业生产资料和劳动力有固定的使用权，公社和生产大队都不能轻易调用。在1962年9月27日通过的《农村人民公社工作条例修正草案》中进一步明确规定："人民公社的基本核算单位是生产队，根据各地情况不同，人民公社的组织可以是两级，即公社和生产队，也可以是三级，即公社、生产大队和生产队""生产队范围内的土地，都归生产队所有。生产队所有的土地，包括社员的自留地、自留山、宅基地等，一律不准出租和买卖"。公社、生产大队和生产队作为各自独立的土地所有权主体,对属于自己的财产享有独立的管理权,三级组织之间,上级对下级负有领导和监督的责任,但上级对下级的财产并没有处分权,也不能无偿占有和使用。自此,我们常说的"三级所有,队为基础"的人民公社制度逐渐确立,并被1975年和1978年的《宪法》所确认。

人民公社是土地集体产权的高级化形式,从1962年开始,一直持续到1978年,经历了17个年头。不可否认,在最初的几年内,这种土地产权制度在加强农业基础建设、加快工业化进程、巩固社会主义公有制等方面起到了一定的促进作用。但是,随着社会的向前发展,它的种种弊端开始逐渐暴露出来,并最终走向失败。学者普遍认为,人民公社最终失败的原因是劳动者的激励太低,而激励低的原因存在不同解释。一派经济学家认为,过低激励是由外部问题引起的,比如官僚主义、平均主义、榨取性的外部环境等;另一派经济学家虽然也承认外部政策的逆激励效应,但他们还是认为,由于团队生产中存在着监管不力的固有困难,农业合作社的失败不可避免。林毅夫则认为,"退出权"的剥夺是农民自我监督机制失效的原因。普通农民对人民公社制度作出的反应首先是怜惜劳动投入,以"搭便车"来获取一个正的外部性,而农民的这种行为一般很难得到有效的监督。除去农田基本建设等劳动投入和产出效果明显的合作形式外,田地作业的劳动投入和产出是很难考核的,监督也是十分困难的。所以,人民公社时期农田基本建设取得了很好的成效,但是粮食产量却很难提升(郭晓鸣,2011)。

4. 集体所有、家庭承包(1978年至今)

1978年,党的十一届三中全会拉开了农村经济体制改革的序

第二章 农村集体土地权利主体改造:合理分配土地收益的前提

幕,农村开始推行以家庭联产承包责任制为主要内容的土地产权制度改革。改革发端于安徽省凤阳县小岗村,在得到中央和地方的默许和肯定之后,类似"包干到户""包产到户"等的产权形式先后在贫困山区、边远地区、平原地区和经济发达地区全面推开。到1982年6月底,全国有99.2%的生产队实行了各种各样的生产责任制,1983年12月底,这一数值更是高达99.5%。

这一农村土地产权制度变迁,真正实现了土地所有权与使用权的分离,形成了农业集体经济的双层经营体制。在这一体制下,土地的所有权依然归集体所有,但交由农民以家庭为单位进行承包经营,集体对承包户提供一定程度的计划管理和生产经营服务,承包户在承包合同的约束下相对独立地从事农业生产经营活动,其生产经营成果按照"交够国家的,留足集体的,剩下都是自己的"的原则进行分配,农民家庭拥有实际的土地经营使用权和收益权。在这一制度下,集体和农户之间的土地产权关系重新得到了界定和划分,对于农户来讲,作为一个相对独立的经营使用权主体,它不仅拥有集体土地的使用权,而且比以往更多地拥有了土地的部分收益权,这是激发他们生产积极性的主要动力。家庭联产承包责任制在实施的最初几年内取得了令人瞩目的成就。据统计,1978—1984年间,中国农业产出的年均增幅高达7.7%,其中种植业产出的年均增长率也达到了5.9%,而且,根据林毅夫(1994)的模型测算,家庭联产承包责任制的实施对农业增长的贡献达到了46.89%。

考虑到土地承包权的稳定性对土地经营的激励作用,为了给农民以稳定的预期,1984年中央一号文件《中共中央关于1984年农村工作的通知》明确规定:"土地承包期一般应在15年以上。在延长承包期以前群众有调整土地要求的,可以本着'大稳定、小调整'的原则,经过充分商量,由集体同意调整。"这是党中央第一次以文件的形式规定了农村土地承包的承包期,对于巩固农村的土地产权关系,稳定农民的土地承包权,促使农民加强对土地的保护、增加对土地的投入具有重要作用。1993年11月,《中共中央、国务院关于当前农业和农村经济发展若干政策措施》提出,为了稳定土地承包关系,鼓励农民增加投入,提高土地的生产率,在原定的承包期到期后,再延长30年不变。此后,1998年修改的《土地管理法》明确规定,土地承包经营期限为30年;2002年颁布的《农村土地承包法》进一步明确规定,耕地的承包期为30年,从而确定了家庭联产承包责任制的长期合法地位。

关于集体土地所有权主体,随着家庭联产承包责任制的实施,也发生了微妙的变化。1983年10月12日,中共中央、国务院颁布了《关于实行政社分开建立乡政府的通知》,各地开始取消政社合一的人民公社,设立乡政权。过去政社合一的人民公社变成了单纯的行政单位——乡,过去的生产大队变成了村民自治组织——村,过去的生产队则变成了基层村民经济组织——村民小组,然后一直延续至今。因此,在现阶段,农村土地所有权的主体与人民公社时期相比并没有发生实质性的变化,仍然为三级集体。

由我国农村集体土地产权制度的历史变迁可以看出,我国集体土地产权制度改革具有典型的"路径依赖"特征。制度演化中一条最明显的规律是路径依赖,路径依赖是指制度变迁所遵循的路线。所谓路径依赖是由经济学家诺斯(1991)提出的,其基本含义是今天的制度演化受以往制度的影响。诺斯指出,"人们过去的选择决定了他们现在可能的选择"。沿着既有的路径,经济和政治的变迁可能会进入良性循环的轨道迅速优化,也可能沿着原来的错误路径往下滑,它们会被锁定在某种无效率的状态之中。一旦进入锁定状态,要脱身而出就变得非常困难。对此,诺斯指出:"从历史中存活下来的,表现为社会文化中的知识技能和行为规范,使制度变迁绝对是渐进的,并且是路径依赖的"。因此,我们在进行制度变迁时,应当考虑路径依赖问题,以免严重偏离制度变迁所依赖的路径,增加制度变迁的成本以及制度变迁的障碍(钱忠好,1999)。中国经济改革的成功被诸多的经济学家归因于中国实行了"渐进式的改革",而非东欧和苏联所采取的激进"休克疗法"的改革方式(林毅夫等,2008)。也就是说,这种改革具有"路径依赖性"或"内生性"。我国农村集体土地产权制度在人民公社时期经历了被运用行政强制手段从初级社转变为高级社、人民公社的产权制度变迁,由于完全取消了个人所有权,不承认土地集体所有制内的个人所有权,使得社员的个人股权无偿地转变为集体所有,直接损害了广大农民的切身利益。这种没有路径依赖的激进式改革最终导致了人民公社体制的瓦解。人民公社体制解体后,集体土地产权制度又逐渐过渡到"三级所有,队为基础"的集体所有制状态,土地所有权继续归农民集体所有,农户则以承包方式获得土地耕种权,但这一独特的制度安排并没有从根本触动土地的集体所有制。这一制度变迁易于被政府和农民接受,因而有利于降低制度变迁的成本,增加了制度变迁的效益。

由于制度演化的路径依赖性,尽管现行的农村土地所有权主体制度的构建环境已经发生了很大的变化,但该制度以往的属性对当前农村土地所有权主体制度的运行仍然具有极大的影响,制度变迁中我国农村土地所有权公有化(集体化)的制度属性并没有真正退出历史舞台,并且在现行的相关法律法规中得到了较为充分的展现。

表 2-1 我国农村集体土地产权制度变迁一览表

年份	1949—1952 年	1952—1956 年	1956—1978 年	1978 年至今
代表性文件	《共同纲领》《中华人民共和国土地改革法》	《关于农业生产互助合作的决议》《关于发展农业生产合作社的决议》《农业生产合作社示范章程》	《高级农业生产合作社示范章程》《农村人民公社工作条例修正案》	党的十一届三中全会,《中共中央关于1984年农村工作的通知》《中共中央、国务院关于当前农业和农村经济发展若干政策措施》《中华人民共和国农村土地承包法》
主要特点	打土豪分田地,废除封建地主阶级土地所有制,实行农民土地所有制,"实现'耕者有其田'"	由引导农民走合作化道路,到"必须采取互助合作的方法使农民自愿联合起来",再到"社员的土地必须交给农业生产合作社统一使用,加以合理的有计划地经营"	把规模较小的农业生产合作社合并为较大的工农商学兵合一的人民公社。农民必须把私有的土地和牲畜、大型农具等主要生产资料转为合作社集体所有;农村土地和生产资料归公社、生产大队和生产队三级所有,以生产队为基本核算单位	实现了土地所有权与使用权的分离,土地所有权依然归集体所有,但交由农民以家庭为单位进行承包经营,承包户独立地从事农业生产活动,收益除"交够国家的,留足集体的,剩下都是自己的"的原则进行分配
土地产权性质	农民私人所有	农民私人所有	集体所有	集体所有
生产方式	家庭经营	合作经营	统一经营	家庭承包经营
变化动因	土地革命	生产资料匮乏,生产率低下	发展社会主义农业经济,适应社会主义工业化的需要	激发农民生产积极性
农民土地权益	农民拥有集"土地所有权、使用权、收益权、处置权"于一体的完整的农村土地产权	农民以土地作为利益分配的权利,但农民对土地的占有权、经营权和处置权逐步丧失	农民对土地的所有权、使用权、收益权、处置权完全丧失	农民没有土地所有权,但拥有土地经营使用权和收益权。农民平等地享有土地使用的权利。农用地不能进行经营性开发建设。集体建设用地不能流转和抵押

第二章 农村集体土地权利主体改造：合理分配土地收益的前提

通过我国农村集体土地产权的历史变迁可以看出，我国农村土地农民集体所有制形式是我国特殊国情下的产物，在特定的历史时期发挥出了特殊的作用，特别是在中华人民共和国成立初期农村生产力极其落后、生产资料极其匮乏的情况下，对促进农民生产合作互助，提高土地利用效率，进行农田水利等农业基础设施建设等方面作出了不可磨灭的历史贡献。并且，随着农村生产力的发展，集体土地所有制实现形式也根据发展的需要进行了不断调整，由原先高度集中的农业生产合作社转变为了土地经营权家庭联产承包责任制，逐步适应了生产力发展的需求。家庭联产承包责任制大大提高了农民耕作的积极性，在提高粮食产量，解决农村温饱问题等方面发挥了重要作用。但在现阶段城市化高度发展、市场经济高速运转的背景下，农村的温饱问题早已解决，大量农村剩余劳动力走向城市，农村土地的流转需求大大提高，现有的农村土地产权制度又显现出了诸多问题，已经不能适应社会发展的需要，因此，对现有的农村土地产权制度进行改革势在必行。

二、当前农村集体土地权利主体面临的问题

1. 所有权性质含糊，主体缺位

在《物权法》和《土地管理法》中将农村土地所有权主体设定为乡镇集体经济组织、村集体经济组织和村民小组集体经济组织三个不同层级。从法律上看界限十分清楚，但具体到实践中，三者关系错综复杂，根本难以理清，在实际操作中经常出现多元主体交叉的纠纷问题。所有权主体的虚位必然造成它的缺位，而所有权主体的缺位又必然造成它的错位。就其理论意义而言，农村土地的所有权依然属于农民，只不过农民不能以个体形式来享有

和行使这种权利,而只能以集体的形式来享有和行使。因此,在实践中就出现了农村集体土地所有权的管理主体——村委会、村民小组等越俎代庖,代替村民行使土地所有权权利的情况,甚至出现农村土地的所有权就落在农村干部——村委会和村民小组的领导手里,作为"农民集体"组成要素的农民除了可以取得一些土地使用权外,他们无论集体还是个人,对于农村土地的所有权基本全部丧失(叶建雄,2009;华彦玲,2012)。在实践中也就出现了一些农村基层干部认为他们就是农村集体土地所有权主体,将自己凌驾于集体成员权利之上,土地的集体所有实际上变成了少数村干部所有,进而为侵害农民的利益提供了便利。

2. 农村集体组织职能弱化,权利退化

在实行家庭联产承包责任制后,全国绝大多数农村基本处于以户为单位,独立、自主、分散经营的自给自足状态,集体经济组织职能逐渐退化。农业税费取消后,村级提留等搭车收费现象不复存在,许多村集体经济组织基本上丧失了收入来源,部分村委会成了"空壳"。加上农村土地承包经营权长期稳定的要求,国家要求农村集体不得再划分口粮田和责任田,在承包期限内不准进行承包地的调整,农村集体的事务也逐渐减少,农村集体权利逐渐退化。实行家庭联产承包责任制之后,农村资产主要由农户支配,为追求个人利益的最大化,农村家庭一般不会选择生产和供给公共产品,集体供给公共产品的能力急剧下降,导致农村农田水利等农业设施基本处于年久失修、设施老化的状态,损失相当严重。许多最重要、最基层的农村集体经济组织——村民小组没有固定的办公场所,没有经费来源,没有固定组织,通常只有一个村民小组长担任类似行政村联络员的工作,主要履行传达国家政策等简单事务,对集体农业经济生产无权干涉,对集体公共产品供给也无能为力,农村集体土地所有权无从行使,农村集体的土地所有权长期处于"悬空"的状态。

3. 集体土地产权残缺,管理缺位

从理论上来讲,农村集体拥有农村土地的法定所有权,应当享有自由行使土地的占有、使用、收益、处分等权利,但在客观事实上,我国的集体土地所有权是一种不完全的权利。相对于国有土地,农民所拥有的集体土地产权是残缺不全的。首先,在使用权方面,《土地管理法》第四十三条规定:"任何单位和个人进行建设,需要使用土地的,必须依法申请使用国有土地。"第六十三条规定:"农民集体所有的土地的使用权不得出让、转让或者出租用于非农业建设。"这就限定了集体农用地不能进行非农业开发建设,集体建设用地不能进行经营性开发建设,农村房屋只能自住,不能向城里人出售,集体土地的使用权受到限制;其次,在处分权方面,集体土地不能抵押融资,不能买卖,导致土地的资产性价值不能显现;最后,在收益权方面,集体土地进行经营性开发建设,必须先征收为国有土地,但征收农村集体土地时是按土地利用现状用途进行补偿,农村土地转化为城市国有建设用地之后的巨大增值收益农民不能参与分配,导致农民集体土地的收益权被剥夺。因此,集体所有土地的产权实际上是被国家牢牢控制的,相对国有土地而言,集体土地的使用权和处分权都受到限制,两种土地的权利是严重不对等的,农村集体的土地权利是残缺的。

4. 农民的成员权无法体现,维权困难

我国农村土地实行劳动群众集体所有制,农民集体是由农民形成的集合体,每个农民(集体经济组织成员)都平等地享有使用土地的权利。在集体所有制中,农民个体具有二重性,个人的成员权在集体所有权里无法体现。一方面,他是所有者,因为集体所有权是每个个体所拥有的那部分所有权和其他人所拥有的所有权共同构成,如果每个人都没有所有权,也就谈不上集体所有权。另一方面,他又不是所有者,因为个人的所有权只有同其他人的所有权相结合,共同构成公有权的时候才有效,才能发挥作用,个人无权对土地进行处置。因此,农民既是土地所有者,又非所有者,构成了农民在农村土地产权关系中的二重性。正因为农民个人的二重性身份,农民对于土地权益受到的侵害,个人是没有任何权利来自我防护的,导致农民在土地所有权转移的过程中无法维护应有的利益,这种制度已经被实践证明,它导致集体财产"人人有份,人人不问"。农村土地集体所有制,虽然通过联产承包赋予了农民土地使用权,然而,农民并不能以产权主体的身份行使相应权利。此外,由于农村土地的集体属性,权利人人平等享有,在因征地等原因需要对土地使用权人进行补偿时,往往会受到非使用权人的阻挠,他们认为土地是集体的,不能因为使用土地的区位原因而让少数人受益,大家往往要求平分收益。农民面对土地使用权益受到侵害时,除对房屋、青苗等地上附着物能积极主张自己权益外,对土地本身的权益往往难以主张。正如孙宪忠(2006)所言:"目前农民所获得的全都是从土地所有权这张'皮'上衍生的'毛',皮之不存,毛将焉附?"

第二节 农村集体土地权利主体改造方案

为了解决我国农村土地所有权主体制度存在的弊端,必须进一步明确所有权主体。目前,我国在法律上已经确认农村集体土地所有权的主体是"农民集体",但由于"农民集体"被法律抽象化而没有明确的主体地位,从而出现主体"虚化""缺位"的现象,"农民集体"的所有权在实践中需要由乡镇集体经济组织、村民委员会或村民小组代为行使,更多的是由村干部代为行使,这些权利的代表者往往沦为基层行政权力的附庸,"农民集体"的利益无从体现,在现实操作中存在诸多问题,因此,必须对"农民集体"进行改造。

一、不同改造方案的优劣对比分析

财产所有权归属的确定是财产流转或交易的前提。只有所有权人最关注自己的财产利益,这是毋庸置疑的。财产所有权主体虚置,所有权人的利益必然会遭到其他利益主体的侵害。我国当前农村集体土地所有权主体制度存在诸多的问题,而且从理论上看,农村集体所有权作为一项反映公有利益的私权利应当更多地体现对"农民集体"权利自由和利益的保障,那么对集体土地所有权主体制度进行改革是十分必要的。关于我国农村土地制度的改革方向,学术界已经从不同角度提出了许多改革路径。主要的政策建议有"实行农村土地私有化""实行国有永佃制""完善农村集体所有化"三大类。下面就对这三种观点的优越性和弊端进行综合分析,进而构建适合我国农村土地权利主体改造的模式。

1. 国有化方案的优点与不足分析

所谓国有化方案,就是将集体所有的土地全部收归国有,同时赋予农民或农民集体以永久使用权。在许多学者看来,这种方案有以下优点。

(1)能明晰产权,避免主体虚位。实行国有化只需要在法律条文上取消名不副实的"集体所有",承认土地归国家所有,我国农村土地所有权的主体就会变得明确且唯一,长期以来主体虚位的问题可以就此得到彻底解决(李彬,2008)。由国家直接、统一管理土地,能够克服农村土地管理的无政府状态(林旭霞,2005)。

(2)能优化资源配置,规范管理。目前,农村大量耕地抛荒、宅基地闲置浪费,国家作为土地所有权主体时,其行为的合理性较分散的农村集体经济组织要高,更有利于资源的充分利用和优化配置(刘俊,2006)。此外,农村违法用地现象严重,大量耕地和基本农田被非法占用,土地国有化之后,对土地违法的执法与处罚力度不论从行政上还是民事上都比所有权归集体所有更具力度。

(3)能保障粮食安全,加强农村基础设施建设。保障粮食安全就要保障一定的粮食生产能力,保障足够的粮食播种面积,就需要统筹规划、合理安排和保护耕地资源。所有这一切使得国家对农用地加强宏观调控与集中管理成为必要,而以国家名义拥有土地所有权是其实施统筹管理的重要前提。加强对生态环境的综合治理和农田基础设施建设,切实改善各项基础设施的保护管理,从而塑造可持续发展的农业,也是政府对农用地加强管理,将集体土地国有化的必要理由。

(4)能统筹城乡发展。对于集体土地征收难题,靠提高补偿标准不能解决问题,只有从所有权上做文章,实行集体土地国有化,将农村的集体土地保障变为社会保障,让土地不再承担它不该承担的生存保障功能。随着城市化和工业化的推进,大量农民工流向城市,存在农民离乡不离土单向流动的缺陷,而城市劳动力缺乏严重,亟须农村与城市形成双向对流,集体土地国有化将为形成统一的全国性市场扫除制度障碍。

(5)能保护农民利益。在现有制度下,村委会、乡镇政府等权力的拥有者往往成为"农民集体"代言人,力量的悬殊使得农民的利益频频受到来自"集体"的剥夺。但如果把土地所有权收归国有,就使得农民的利益直接受国家的保护,从而免受"集体"的剥夺。因此,将土地收归国有,是保护农民利益,明晰产权主体的最优选择(肖冰,2007)。

但本书作者认为,实施农村集体土地国有化并不能完全解决农村土地制度存在的现实问题,而且可能会增加经济成本和社会风险,具体理由如下。

(1)城市的国有土地浪费现象比农村更严重。一是由于以所谓"公共利益"为目的,各级政府靠划拨土地而兴建大广场、宽马路,超豪华的政府办公大楼,这些土地都是政府靠行政配置而来的,都是无偿划拨使用的,从而导致大量稀缺土地的不集约、不节约。二是各级政府为了吸引投资,设立了各种级别的工业区、开发区,为了吸引企业进入,往往采用协议出让、低价出让、甚至低于成本价供应工业用地的方式,企业的土地取得价格与市场价格之间存在巨大差额,从而导致企业多占地,带来土地的不集约利用。有的占而不用造成土地浪费,甚至出现企业圈地等规划改变以后招拍挂出让,形成工业园区的土地投机。三是政府为了追求土地财政,肆意卖地,大量供出去的土地由于拆迁补偿、规划变更等工作不到位而导致土地难以开发,造成土地闲置。据 2010 年 8 月 19 日国土资源部召开的新闻发布会显示,截至 2010 年 5 月底,全国共上报闲置土地 2815 宗,面积 1.13 万公顷,其中因"毛地"出让拆迁难、调整规划等政府和客观原因造成闲置的约占六成以上。

(2)国有土地违法利用现象更突出。根据 2007 年国土资源部对土地违法案件的统计,非法批地的案件涉及的土地面积占涉及违法用地面积的 80%,以公民、个人或者企业为主体违法占地的面积是 20%。以 2010 年全国土地卫片执法检查为例,广西、贵州、甘肃等地农民建房违法用地,宗数比例高达50%～80%,面积只占全部违法用地面积的15%～20%。2011年全国新增建设用地中违法用地是7.5万宗,面积是6.75万公顷,其中耕地面积2.24万公顷,违法用地宗数、面积、耕地面积占新增建设用地宗数、面积、耕地面积比例分别是17.26%、9.99%和6.74%。

从历年的统计数据来看,以政府和涉及政府为违法主体的国有土地违法面积占到土地违法总面积的80%以上,甚至一些市、县政府存在默许、纵容乃至在背后操纵违法违规用地,未批先用、以租代征,擅自设立和扩大开发区,擅自调整土地利用总体规划,以及违规侵占基本农田、损害农民权益的现象。

(3)农村土地国有化操作困难。实行农村土地国有化,把集体土地所有权转为国家所有,无非有两种方式:有偿和无偿。假如国家有偿收回,必然需要付出极其巨大的经济成本,而这显然不是我国这样一个发展中国家能承受的,即使国家的财力庞大到可以完成有偿收回土地的程度,那么新的难题又将摆在面前:不同的土地,情况千差万别,补贴标准难以确定,需要很大的谈判成本。这是直接关系到社会公平的重大问题。假如国家依靠强制力无偿收回,广大农民会产生一种土地权利剥夺感,显然将引起广大农民的不满,而且可能引发激烈的社会冲突,不利于国家的长治久安。

(4)农村土地国有化无益于保护农民权益。从所有权的意义上讲,国家并不是一个具体确定的实体,行使国家所有权的任务最终还要分配到各级行政机关,这种制度安排更容易造成基层机关利用手中的公权力谋取私利,损害农民的权益。相比而言,目前农村村民自治制度得到了较好的贯彻。陈小君(2010)对中国10个省的调查报告显示,课题组所调查的所有村的村干部都是由村民选举产生,党的村支部也几乎都是由村里的党员选举产生,只有极少数的村干部是由乡镇任命,农民自己选出来的干部本身就是村民的一员,相对于政府官员更能维护村民的利益。

(5)深圳农村土地国有化的特例已经证明这种制度的弊端,政府和原村集体形成"双败"格局。深圳于1992年以前便完成了特区内土地国有化转制,又于2004年以城市规划"全覆盖"的方式,将特区外260平方千米土地转为国有土地,进而完成了全市范围内农村土地国有制的转化。据统计,2011年深圳全市土地总面积1991平方千米,建设用地917.77平方千米,其中,原农村集体用地为390平方千米,占比高达42%。虽然深圳完成了全市土地国有化转制,但如今却面临着更为尴尬的处境:尽管在规划中已将原村集体土地变为国有,但大量土地并没有完成相应的补偿征收手续,这些土地虽名义上为国有,但实质上依然被村集体及村级股份公司占有,而随着城市化进程中土地价值的不断提升,政府补偿标准往往满足不了原村集体的要求,政府也越来越难以支付这笔数额巨大的补偿,政府又处于无地可用的尴尬境地。许多土地陷入"政府拿不回、集体用不了"的尴尬局面,政府和原村集体形成"双败"格局,已经陷入剪不断、理还乱的困境。

2. 私有化方案的优点与不足分析

所谓私有化方案,就是指取消农村土地集体所有制,将农村土地的所有权交给农民。在我国,农民一直强烈要求实行土地私有化,他们的主要理由如下。

(1)明晰产权,免遭侵害。针对农村集体土地所有权主体虚位的问题,直接将土地分配给农民个人无疑是最有效的解决方法。实行农村土地私人所有,让农户享有完整的土地所有权,能使农民的合法土地权益得到应有的保障,当农民面对国家、集体以及基层政府的不法侵害时,能凭借该权利维护自己的私有财产权,可以避免我国现行集体所有制下搞不清土地到底归谁所有的尴尬(王卫国,1997)。

(2)激发农民的生产积极性,避免掠夺式开发。实行农村土地私有化,可以强化农民与农村土地的利益联系,激发农民对土地的有效投入和积累机制。按照私有化方案,农民是在自己所有的土地上耕种,内心的归属感会促使他们充分利用土地资源,提高生产效率,这将改善我国农村大量耕地闲置或者生产效率低下的处境。与此同时,由于土地成为农民长期拥有的重要不动产,为了可持续的获得高产量,农民必然会倍加珍视土地并持续增加对土地的投入。

(3)促进土地流转,形成规模经营。在农村土地私有的制度安排下,农民拥有完整的土地处分权,可以根据市场行情,自由地将自己的土地承包给其他能产生更高经济效益的个人或组织耕种,使土地资源得到优化配置,更加有利于促进土地的流转和形成土地的规模经营,从而大大提高土地利用效率。

(4)促进人口流转,改变城乡二元结构。如今我国的城乡贫富差距日趋扩大,这与长期以来的城乡二元结构是分不开的。而实行农村土地私有化后,农村土地不能进入市场自由流转的情况将不复存在,农民基于所有权可以出卖、租赁或抵押自己的土地,为自主创业提供资金支持,可以为进城落户的农民有效筹措购房或社会保障等资金。有利于促进农村土地流转,促进城乡统筹发展。

(5)减少纠纷,转变政府职能。土地私有化后,由于权属清楚、权利明确,可以消除避免普遍存在的农民因分配土地补偿收益不公而产生的纠纷、上访和诉讼案件的发生,也有利于节约各

第二章 农村集体土地权利主体改造:合理分配土地收益的前提

级政府和司法机关的人力、财力,减轻政府负担,有利于农村基层政府的职能转变和精简机构。

农村土地私有制的确有着明显的优越性,也是西方发达国家普遍采用的土地产权制度,但我国有着特殊的国情,土地私有化仍存在一定的问题和难度。

(1)意识形态的鸿沟难以逾越。农村土地私有化与我国的社会主义生产资料公有制的意识形态是对立的,立法改革所面临的阻力难以估计。在学术研究领域,我们当然不能因为意识形态的原因、宪法的约束等而停止对优良制度的思考和引进,但是当我们进行现实制度的设计时,就不得不考虑这方面的因素,因为一项制度不管设计多么优良,如果无法付诸实施,那也毫无意义。

(2)土地分配基准难统一,改革成本较大。由于我国实行农村土地集体所有制,集体组织内部成员人人平等地享有土地承包经营权利,农村人口是一个动态变化的过程,怎样做到公平是一个很难解决的问题。关键是两点:第一,不同的农村家庭在不同的家庭生命周期,有不同劳动人口比率或人口变动,对于土地分配有不同的变化着的要求;第二,把人口作为分配土地权利的依据,无论如何得不到稳定的产权边界。第一点决定了土地私有化的程序困境,第二点则造成实质麻烦。同时,我国农村土地情况极其复杂,土地与土地之间存在着位置、肥力、面积等多种差别,在这种情况下是很难做到公平分配的,分配不公平就会使社会的不稳定因素大大增加。

(3)不一定带来土地的规模经营。日本和我国台湾地区的实践表明,土地的私有化并不一定带来土地大规模的流转。随着经济的发展,土地价格成倍增长,土地不仅是一种生产资料更被农民视为一种财产,由此增加了农民的"惜地"心理,个体农户一般不愿再出卖土地。日本和我国台湾地区在以农地私有化实现农地集中战略中都遇到了难以克服的障碍。

(4) 不利于农业的协作生产。中国"人均一亩三分地"小农经济,离不开村社集体的协作。农村土地私有化,农村集体的组织职能会逐渐减弱,这样一来,村社集体内一家一户"不好办和办不好"的公共和公益事业,如集体灌溉、机耕道修建、植保等,都容易因有人反对而无法办成,从而既达不成一致决策,更无法一致行动。结果是,农户土地权利越大,反对的力量就越强,公共决策就越无法达成和执行,更加难以获得基本的进行农业生产的条件(贺雪峰,2010;李昌平,2003;张路雄,2012)。

(5) 耕地非农化难以抑制,将影响粮食安全。农村土地实行私有化以后,农民享有的土地权利将更加自由,在农业低效、投入产出较低的情况下,出于对经济利益的追求,不可避免地会出现私自改变土地用途用来发展效益更好的非农产业等现象,将导致耕地减少和农业的衰退,这将影响到我国的粮食安全。

(6) 土地私有化极有可能带来负面的结果。农村土地私有化将会使稀有的土地资源不断向少数人集中,带来大量的农民失地、土地集中、社会分化加剧、农民加速向城市迁移、城市贫困加剧以及城市工资下降等后果。城市和农村的多数民众将更加贫困,更加依赖这些土地私有化的主要受益者——富裕和有权势的精英人士。随着农民贫困的加剧以及失地导致社会福利不断恶化,农民走投无路,只有涌入城市,即使找不到工作,他们也无法回到农村赖以生存的土地,将会面临像印度、孟加拉、印尼、墨西哥、巴西等发展中人口大国所出现的城市贫民窟化及更严重的贫富两极分化(卢克,2008;温铁军,2009)。

3. 集体土地所有权改造方案的优点与不足分析

集体土地所有权改造,是指在维持农村土地集体所有制的前提下,通过对农村现有土地所有权制度的主体、客体、权能、管理体系等方面进行改良,以达到维护农民权益、促进农村土地资源有效利用的目的。众多学者认为,保留集体土地所有权制度,并对其进行改造有以下优点。

(1)我国集体土地所有权制度是社会主义公有制的基本制度,其改革也必须以坚持土地集体所有为前提,这是我国社会主义的经济制度的基础。

(2)现行集体土地所有权已经运行数十年,已经成为农民土地权利问题的基本习惯心理和行为方式,短期内若进行激进式的改革,农民难以接受,要冒很大的风险。保留农村集体土地所有权制度不会因大的制度变迁导致社会动荡,有利于社会稳定,符合我国渐进式改革的方针,容易为广大农民所接受,具有很强的操作性。

(3)利用集体所用制的优势,可以补充分户经营的缺陷。在我国,农村土地集体所有已经是一种历史财富。20世纪50年代的土地集体化,在当时并没有出现群众性抵制,其原因在于集体化后实现了一种平均主义的公平。20世纪80年代,又以平均分地的方式很顺利地实现了分户经营,这还是得益于平均主义的公平。目前集体所有制的运营出现一定的弊端,是因为限制了集体作用的发挥,使分散经营的农户缺少了统一经营的组织者,进而使"统分结合"的双层经营体制的优势难以发挥。只要对集体进行改造,使集体发挥一定的作用,在人均耕地很少的背景下,在现代化过程中,就可能创造一种新的、更有效的逐步实行耕地规模经营的模式。

(4)集体所有制能保证"耕者有其田"。若实行土地私有化,会引起土地的集中,形成新的地主,失去土地的农民不得不租用地主的土地或受雇于地主,这又将重新产生"耕者无其田"的现象,农民的生产积极性会大大降低。土地私有制可以调动耕作者的积极性,是在所有者与耕作者一致情况下产生的效果,如果在土地所有者与耕作者分离的情况下,调动的将不是耕作者的积极性,反而不利于农业的发展。在集体土地所有制下,每个成员都平等地享有土地的承包经营权,能够保证"耕者有其田",充分发挥这种制度的优势,会使我国在城市化、工业化的人口转移中,更有效地把耕地集中给那些继续务农者,能真正做到保护耕作者的利益。

(5)集体所有制能弥补农民社会保障不完善的弊端。当前,我国农村社会保障体系尚未完全建立,由于农村现金收入水平很低,在广大的农村建立一个以个人缴费为基础的社会保险难度较大,要政府全部来承担有巨大的困难。这样,土地不仅是农民的主要生产资料,也是农民赖以生存的基本手段,对农村社会保障起到了非常重要的替代作用。近些年,虽然大批农村劳动力走向城市,但绝大部分进城农民工仍没有得到与城市居民一样的社会保障(包括医疗保险,尤其是养老保险),农村承包地仍是不可丢失的最后一道安全保障。2008年,受国际金融危机的影响,沿海以出口为主的制造业企业大规模裁员,造成2 000多万农民工失去工作岗位并返回家乡,但是我国并没有因为大量农民工失业而导致严重的社会问题,且在第二年就迅速恢复正常。能产生如此效果,农民在失业后仍可自由地返乡务农谋生是关键因素,这恰恰要归功于农村土地集体所有制的制度优势。

(6)集体所有制下的"统分结合的双层经营体制"能适应不同

第二章 农村集体土地权利主体改造:合理分配土地收益的前提

生产力发展的要求。"统分结合的双层经营体制"具体体现在集体和农户的两个经营层次,集体在经营中的作用主要体现在土地发包,产前、产中、产后服务等,农户则成为基本的生产经营单位。"统"和"分"是相互依存、相互促进、共同发展的关系,如果离开了集体经济组织,离开了"统"的功能的发挥,家庭承包就失去了主体,家庭经营实质上就成为个体小农经济,集体经济的优越性也就不能发挥;如果离开了承包家庭的分散经营,农民的生产积极性就不能得以充分发挥,农业集体经济就失去了活力。我国在制度实施中,由于之前受到生产力的限制,单方面强调了"分"的积极意义,在一定时期内充分调动了农户的生产积极性。但随着生产力的发展,随着城镇化、工业化的推进,单位土地需要的劳动力大大减少,大量农村劳动力流向城市,农户分散经营出现困难,需要强化"统"的力量,但是由于之前过度强调"分"而弱化了"统"职能,造成"统"的困难,才出现目前农村土地的流转不畅、规模经营发展受阻等现实问题。只要两者兼顾,在保障农户分散经营权益的同时重建集体"统"的职能,集体所有制在现代化生产中也能发挥极大的制度优势。

(7)已有成功的改造经验可以借鉴。改革开放以来,国家在各地开展了许多农村土地改革的试点,形成了诸如广东南海的农村股份合作、江浙沿海一带的农村集体股份制改造、成都温江区的"两股一改"(集体资产股份化,集体土地股权化,改革完善农村集体经济组织形式和治理结构)等一批成功案例,证明只要适当进行改革,集体土地所有权制度还有很大的改革和完善空间,具有强大的生命力。

在现有集体土地所有权不变的基础上进行改造,所需要的制度成本较少,但是也存在一定的不足,就是在现有基础上的改造会有一定的路径依赖(蒋永穆等,2003;宋少江,2011;刘荣材,2012),难以一下子解决集体土地所有制这个制度所导致的根本问题,但是它符合我国改革循序渐进的风格。

国家所有、集体所有、私人所有,制度本身没有好坏,都有各自的优越性,关键是要符合我国的基本国情,要有利于土地资源资产化,有利于促进社会经济发展和增加农民收入,要充分体现和保障人民的利益。改革的关键不是解决国家所有、集体所有和私人所有的问题,而是在于赋予农村土地相应权能,使农村土地能够顺利流转、提高土地利用效率,能使农村土地资产化,为城镇化增添动力,能有效增加农民收入,促进城乡统筹发展。只有权能对等,只要制度设计合理,不管是国有、集体所有还是私有所有,都不是问题的关键所在。根据我国的国情,从降低改革的制度成本、制度的运行成本、政府改革的阻力以及尊重农民意愿的角度看,在现有集体所有权形式下,对农村集体经济组织进行改造,充分发挥集体和农民个体的优势,充分发挥"统分结合的双层经营体制"的政策优势,使之不断适应社会发展的需要,是最具有可行性和可操作性的。

二、海南省农村集体经济组织改造的经验及启示

1. 三亚市力村农民专业合作社改造

力村村民小组共有村民54户,297人,是海南典型的少数民族村,全村村民均为黎族。全村土地总面积62.27公顷,原土地现状为农用地58公顷,其中耕地16.32公顷,全村农民以农业种植为主,集体二三产业不发达,农民收入不高。

为解决力村农业生产效率低下、产品优势不突出、土地效益不高、剩余劳动力就业等问题,2009年,由5名村民(初始股东)发起,

第二章 农村集体土地权利主体改造：合理分配土地收益的前提

成立了三亚椰榔园种养殖农民专业合作社，并逐步吸纳全村54户村民加入合作社，逐步成为了资源联合、民主管理的互助性经济组织和经济型经营实体。合作社的运营理念以重塑集体经济组织为目标。运作模式是将全村所有的村民以农地入股，村民的田地、园地、槟榔地等统一纳入三亚槟榔园种养殖农民专业合作社。

三亚椰榔园种养殖农民专业合作社成立后，以土地与海南卓林农业开发有限公司合作开发都市现代农业。村民以农地与合作社签订农地入股合作合同，以固定股权式分红、保底分红和赢利分红的模式与合作社合作，村民不需要承担任何投资风险。力村水田面积16.32公顷，按18 000元/公顷作为股本金，到年底返还股本金到户。农户股东收益按种植作物的产量计算，如蔬菜类按0.4元/公斤分红，瓜果类按0.2元/公斤分红，每年保底分红24 000元/公顷。村民入股的园地（果园地和槟榔地）每年每亩入股股本金折算为1 000元，每年返还股本金，入股的果园收成仍归入股村民所有，园里空地用来开发山水黎乡风情园农家乐项目等，入股村民按照合作社经营的风情园收入依股权比例每年享受分红。

合作社获得土地使用权股本收益和分红收益后，再按农户土地使用权面积进行分配。农地入股后，企业可安置适龄村民参与就业。力村农户股东适龄人口经上岗培训合格后，可在企业实现就地安置就业，在企业就业的农户股东最低工资1 500元/月。

力村通过成立农民专业合作社，将农村集体改造为市场主体，解决了以往集体经济组织主体缺位、权利虚位等问题。建立合作社后，村民将拥有的土地使用权统一入社，明晰了每个村民的土地权利，使农民的土地权利主体地位得到充分体现，改变了以往村民土地权利不清、村民土地权益维护困难等问题。通过农民专业合作社统一进行集体土地的市场运作,使农村集体改造为市场主体,改变了以往村委会、村民小组等集体土地权利主体政企不分、市场地位不明、主体地位缺失等问题,使得集体土地能够顺利进行市场流转和运营,促进了农村土地市场价值的实现。

2. 陵水县大墩村股份制法人化改造

大墩村位于陵水县黎安镇,三面临海,位于海南国际旅游岛先行试验区核心范围内,紧挨南湾猴岛旅游风景区,地理位置极佳。全村共有4个经济社、8个村民小组,村民918户,3 500多人,原有土地733.33公顷。

2010年,根据海南省国际旅游岛开发建设需要,陵水县大墩村200公顷土地被征收,在完成土地征收和房屋、坟墓拆迁等工作后,村民们获得了高达几亿元的土地补偿款,村集体经济也进账9 700多万元。多年来,大墩村村民半渔半农,大多缺乏市场意识和经营能力,如果简单地将这笔补偿款全部分发,村民很快就会坐吃山空,转眼就会变成失业农民。必须找到一条依靠农民自己发展致富、并能持续发展的新路子。

按照"农民的事情农民办"的发展思路,在陵水县政府的扶持和指导下,大墩村进行了集体经济组织股份制法人化改造,成立了村级股份公司。2010年6月5日,大墩村依靠征地补偿取得的收入,以"货币+股份制"的模式,成立起了陵水县第一家村级股份公司——陵水大墩民星实业股份有限公司。"货币+股份制",即村委会一次性按人均标准给村民发放一半土地补偿款,余下一半和节余的征地包干费由村委会以委托经营的方式流转到陵水大墩民星实业股份有限公司,每户家庭为一个股东,每个村民都拥有等额股份,享有稳定的财产性收益。依托村办股份公司,大墩村又先后创办了混凝土搅拌站、节能环保砖厂等企业。为了支持村级股份公司的建设,县政府还把技术含量低的产业产品采购项目向村级公司倾斜,将开发建设过程中如园林绿化、土石方、建材、土地平整等工程交给村办公司实施,项目建成后将风险小、收入稳定的如出租屋、商铺等产业交由村办公司经营。

据了解,仅环保砖厂和混凝土搅拌站就解决了100多名村民的就业,每年可创利近3 500万元,村民每月能领到2 000~3 000元的工资。2011年年底,大墩村投产不到半年的混凝土搅拌站、环保砖厂进行了第一次分红,全村每位村民领到了3 000元的红利。

在大墩村的带动下,截至2012年8月,陵水县沿海的4个乡镇已经相继成立28个村级股份有限公司,4万多名农民成为股东。

经过大量征地后,大墩村集体土地大大减少,但集体资产大大增加,如何分配和处置集体资产,如何利用好集体资产带动村民走出失地的困境,使村民生计有保障,成了亟待解决的问题。在此背景下,大墩村通过股份制改造,顺利解决了上述难题。大墩村集体经济组织通过股份制改造,使每个村民成了股东,村民分散的力量更加有力地凝聚在一起,集体力量得到加强的同时,农民的主体地位得到充分体现,农民的劳动积极性也得到进一步发挥。将集体经济组织改造成股份制公司之后,集体经济组织改造为一个能参与市场活动的法人主体,使集体经济组织的市场参与能力大大增强,为集体资产的不断积累和扩大奠定了基础,在解决村民失地之后的生计问题、带动村民致富等方面发挥了重要作用。

三、集体经济组织改造模式研究

根据我国相关的立法和司法解释,所有权是民法上的权利,此权利只能由民法上的主体享有。我国法律规定的民法主体包括自然人、法人、非法人团体和特定情况下的国家,而没有"农民集体",这就导致"农民集体"在民法主体中的缺位。同时,在农村土地流转的背景下,"农民集体"以农村土地等资产参与市场经营与竞争的现象将普遍出现。为了在市场竞争中处于平等的市场地位、能受到民法的保护,也要求"农民集体"必须符合民法的法人主体要求。首先,将"农民集体"改造成法人就满足了"农民集体"作为集体土地所有权主体在法律上要拥有独立、自主人格的要求,能以自己的名义享受权利并承担义务,能以自己的意愿参与民事活动,并且使法律规定的所有权"代表行使主体"有了正当的法律依据。其次,"农民集体"被赋予了法人人格才能更好地实现自我决策,真正实现依照"权利本位"中心发展集体土地所有制度,最大限度实现集体成员的权利。最后,法人制的一个重要原则就是将权力的拥有者排除出法人治理结构,不管是权力机构、执行机构还是监督机构,一切皆通过民主的方式产生,这就大大减少了村委会等机构利用权力谋取私利、损害农民利益的机会。更重要的是,农民集体获得了民法上的主体资格后,一旦受到损害,将能够以自己的名义通过起诉等方式维护自己的权益,有效解决了集体资产被侵占时农民个体不能作为原告的困境(敖仙花,2011)。

海南省农村土地权利主体改造的模式为我们提供了有益的借鉴。首先,我们要在肯定"农民集体"作为所有权主体的基础上做进一步的制度设计,赋予"农民集体"明确的民事法律地位,使得农民集体土地所有权真正成为"农民集体"的所有权;其次,由于不同农村的社会经济发展水平不同,农民的生活方式不同,对农村土地的依附程度不同,应根据不同农村集体的实际情况进行差别化的改造模式。

1. 合作社法人改造模式

农民专业合作社是在农村家庭承包经营基础上,同类农产品的生产经营者或者同类农业生产经营服务的提供者、利用者,自愿联合、民主管理的互助性经济组织。为了支持、引导农民专业合作社的发展,规范农民专业合作社的组织和行为,保护农民专业合作社及其成员的合法权益,促进农业和农村经济的发展,2006年10月31日,我国颁布了《中华人民共和国农民专业合作社法》(中华人民共和国主席令第五十七号),对农民专业合作社的设立和登记、成员构成、组织机构、财务管理、合并、分立、解散和清算、扶持政策等作了详细规定。农民专业合作社具有法人资格,依法对成员出资、公积金、国家财政直接补助、他人捐赠以及合法取得的其他资产所形成的财产,享有占有、使用和处分的权利,并对上述财产承担债务责任。采取农民专业合作社的方式,能弥补农民独立分散经营所面临的困难,有效发挥集体"统"的作用。农民可以根据自身需要自由选择入社或退社,有效保障了自身的权益。合作社通过统一经营,大大提高了土地经营的规模效益和土地利用率。

据公开数据显示,截至2013年9月底,全国依法登记的农民专业合作社达到91.1万家,入社社员6 838万户。据调查,目前我国农民专业合作社主要采取的形式为村民以土地入社、资产入社,土地由合作社统一经营,合作社吸收部分村民参与经营和管理,土地经营收入按照村民入社的土地、资金和劳动为依据进行收益分配,或者由合作社将土地统一流转给农业企业或公司进行经营,合作社获得土地流转资金后再根据村民入社土地数量进行收益分配。在这种模式下,实现了土地承包权和土地经营权的分离,土地承包权仍由村民掌握,土地经营权交由合作社统一支配,农民的土地经营权转化为收益权,大大提高了土地的规模化经营水平,亦有利于农村劳动力的释放,其优越性显而易见。但这种模式在目前的运行中也存在以下问题:一是合作社运行模式比较单一,都是合作社统一经营土地或者将土地再流转给其他企业统一经营,农民的土地经营权基本丧失,形成了农民与土地的脱离;二是存在政府说服甚至施压,让农民统一入社或农民随大流被动入社的情况,未能反映农民的真实意愿;三是部分不愿入社仍然选择自主耕种的农户,在生产经营中存在的问题仍然没办法解决,且随着多数农户的入社,未入社农户处于越来越孤立、越来越被动的局面。

因此,在今后合作社的发展中,还要逐步完善合作社的运作模式,除单一合作社统一经营土地外,还要发展经营委托、作业委托等多种形式的服务,满足不同农户对合作的需求。经营委托,是指土地承包权及经营权仍由村民掌握,村民自主经营,由合作社统一进行农作物种植安排、种植技术培训和指导,利用机械进行统耕、统种、统收,产品统购、统销等服务的行为。作业委托,是指农户根据自身需要,将生产过程中的某项或若干项作业委托给合作社,进行作业委托的行为。对于无力耕种的农户,合作社可以提供经营委托和作业委托服务,农户可以将土地的全部经营管理委托给合作社,也可以将生产过程中的某项或若干项作业委托给合作社,合作社与农民的关系详见图 2-1。

农民专业合作社的运作程序主要由土地确权、组建合作社、

第二章 农村集体土地权利主体改造:合理分配土地收益的前提

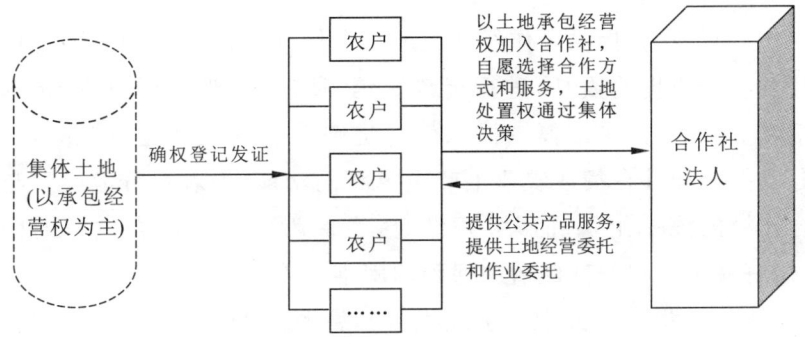

图 2-1 农民专业合作社与农民的关系

合作社为农民提供服务、农民获得收益并提供服务报酬等几部分组成,农民与合作社之间土地权益关系详见图 2-2。

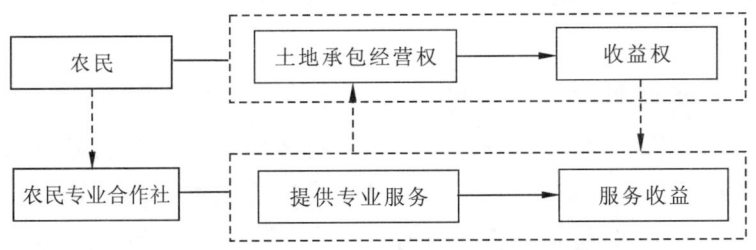

图 2-2 农民与农民专业合作社之间的土地权益关系

(1)土地确权。农民专业合作形式更加注重农民土地权益的保护,它需要以土地确权为基础,将集体土地的承包经营权全部、准确地给集体成员,明晰每个农户的土地权益并保持长期不变,使农民入社后有明确的权利保障。

(2)组建合作社。村民在自愿的基础上,根据农业生产经营需要,组建农民专业合作社。农户有自由入社和退社的权利,农民的经营自主权得到充分体现。

(3)合作社提供合作经营服务。合作社根据农户的需要提供经营委托或作业委托,进行统购统销、种植、收割、作物种植技术培训等服务,提供灌溉、排水、生产道路等基础设施建设服务,充分发挥合作社在集体农业生产中"统"的功能,使农户分散经营与合作社的统一组织和服务相结合,在保障农民经营自主权的同时,解决了农户分散经营中遇到的困难。

(4)经营收益分配。土地生产经营收益归农户所有,合作社根据向农户提供的服务获取相应的报酬,保障合作社的良性运转。

这种合作社对于农业生产经营合作具有极大的优势,但是对于涉及资金、集体企业等集体资产经营时就有一定的局限性,而股份制法人改造在集体资产经营方面则能弥补农业专业合作经营的不足。

2. 股份制法人改造模式

农村集体经济组织股份制,是指将集体经济组织改造为股份制的经营性法人机构,农户以自己获得的土地承包经营权作价折股加入,或者是将全部集体所有的土地、资产统一折股量化,然后再按照一定的规则将股权分配给村民,使他们享有明晰的集体资产权,集体土地和资产由该股份制经济组织统一经营,农户按照所占股份每年获得一定股息和红利,形成适合市场经济发展要求的自主经营、自主管理、资源共享、风险共担的新型合作经济组织与运作机制。农村集体股份制法人是将集体土地资产化并折股量化改制而成,是以资产为纽带、股东(农户或农民)为成员的综合性农村集体经济组织(图2-3)。

在农村土地股份制中,集体仍然是土地所有权主体,同时农

第二章 农村集体土地权利主体改造:合理分配土地收益的前提

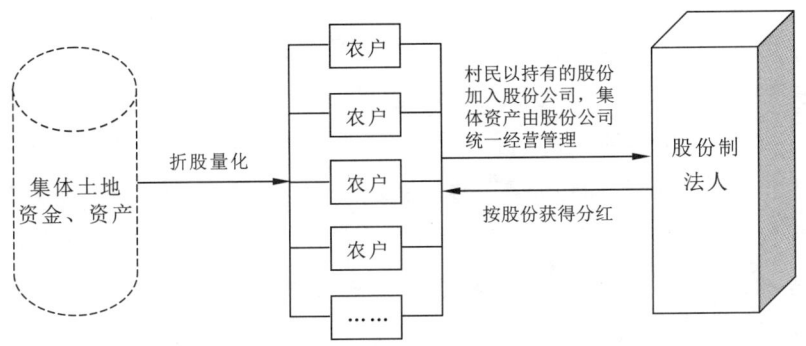

图 2-3 股份制法人与农民的关系

民按照股份掌握着集体土地的所有权,农民作为集体成员的所有权也得到了充分体现,股份经济组织是集体和农民股份权利的代理人,经营管理权则由股东代表大会推选的管理者来行使。

以推行农村社区股份制为主要内容的农村集体资产产权制度改革,始于 20 世纪 80 年代广东省的一些乡镇,其中最具代表性的是佛山南海区。该区自 1992 年开始农村股份合作制试点,实行"资产折股、量化到人、合股经营、按股分红"的做法;2003 年又进行了以"固化股权、出资购股、合理流动"为内容的农村股份制深化改革。随着市场经济的不断发展,这项改革在广东、上海、浙江、江苏、福建、北京等省市逐渐推广(徐建春等,2013)。

概括起来说,农村集体资产股份制改革,就是根据集体资产形成和积累的特殊性,按照股份制和合作制的原则,将农村集体资产折股量化到农民,使他们享有明晰的集体资产权,并按股进行分配,形成适合市场经济发展要求的自主经营、自主管理、资源共享、风险共担的新型合作经济组织与运作机制。

农村集体经济组织股份制法人改造一般按照以下程序进行。

(1) 明晰产权,摸清家底。全面清理村集体资产,查清全部集体土地现状,查清集体财务及资产状况,列出详细资产清单,摸清资产状况,并经村民代表大会认定。

(2) 量化集体资产,折算为股份。在清产核资的基础上,除一些非经营性资产如道路等公益性设施原则上不予量化外,对集体所有土地、现金、流动资产、固定资产等集体经营性资产进行评估,统一进行资产量化,将集体资产从实物形态量化为价值形态,并按照一定的规则和程序将价值形态的集体资产划分为若干份,将农村集体资产股份化。

(3) 明确集体成员资格,确定股权份额。结合户籍、是否在农村长期居住、对集体经济组织的贡献等多种因素,由村民代表大会讨论决定集体成员资格,并按照一定规则将集体资产股份分配给集体成员,做到股权到人。

(4) 集体统一经营,农民定期按股权获取收益。将集体经济组织改造为股份制法人企业或有限责任公司,将集体所有的土地、现金、流动资产、固定资产等集体资产统一注入股份制法人组织,集体土地等资产由股份制公司统一进行经营开发,对集体资产实行公司化运作,村民完全让渡集体土地经营权。村民通过股东大会对公司进行监督,以确保资产保值增值,并根据公司经营状况,按照所持股份定期获得股份分红。

在这种模式下,农村土地的所有权、承包经营权、使用权、收益权实现了分离。农村土地所有权仍归集体所有,农村土地承包权仍归农民所有,但是转化成了股权,并具体体现为收益权。集体股份制法人公司则实际掌握了农村土地的使用权和经营权,并能够通过行使包括土地所有权在内的各项权利获取收益,为其正常运转奠定经济基础,进而为实现农民收益权提供保障(图2-4)。

第二章 农村集体土地权利主体改造：合理分配土地收益的前提

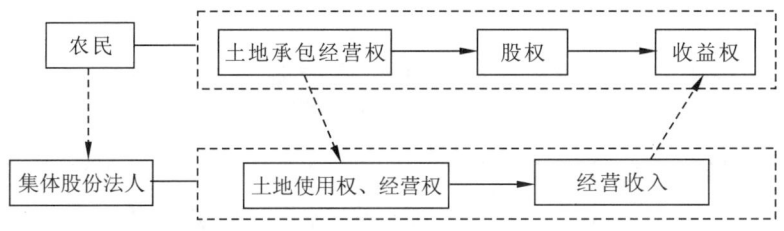

图2-4 农民与集体股份法人之间的土地权益关系

股份合作制建立的集体和农民共享的土地产权制度，是我国农业集体经济在劳动群众集体所有制自身范围内的扬弃，即集体资产的平等与无差异的共同占用转变为股份制有差别的按股共有。对于涉及大量土地、现金、流动资产、固定资产等集体经营性资产的农村集体来说，进行农村集体股份制法人改造是最优选择。但农村集体股份制需要特定的条件，一般发生在非农产业比较发达、金融资产意识比较强的经济发达地区（董景山，2012），而对于集体没有什么固定资产，多数农民以家庭农业生产经营为主的农村来说，就没有建立股份制的必要，建立农民专业合作社可能更适宜。

因此，我国在对农村集体经济组织改造中，要结合各地实际，因地制宜地选取合适的改造模式。对于涉及大量土地、现金、流动资产、固定资产等集体经营性资产，且大多数农民已经进入第二、第三产业，不再以务农为主的农村集体来说，宜进行股份制法人改造。对于多数农民仍以务农为主，土地经营价值不高的农村集体来说，适宜进行合作社法人改造。

第三节 农村集体成员资格的界定及权益保障

我国《土地管理法》《土地承包法》《物权法》《村民委员会组织法》等法律法规中都只对农民集体提出了一个名词概念,而对集体经济组织的微观构成,即集体经济组织成员资格确定的标准却不够明确,这容易引发诸多矛盾纠纷,也影响农村产权改革。特别是随着农村土地流转的进行,集体土地的资产价值逐渐显化,集体土地流转收益如何在集体内部进行分配,哪些成员应该参与分配等问题逐渐浮出水面,这些问题也往往成为土地收益分配纠纷的主要原因。因此,尽快对农村集体经济组织成员资格作出明确解释和界定,已成为当前推动农村改革发展的一项紧迫任务。

一、农村集体成员资格的界定

1.成员资格确定的原则

(1)尊重历史原则。农村集体土地归集体所有。集体的形成有一个历史的过程,我国农村集体伴随着中华人民共和国的成立,是在"打土豪分田地"的基础上形成,是在农村土地农民私有的基础上合作建立起来的。在农村集体成员资格的确定上,要尊重历史,对于原人民公社、生产大队、生产队的社员,应该首先予以确认。

(2)结合土地承包原则。集体成员资格的确定要结合土地承包经营权现状,因为进行集体成员资格的确认,其目的就是要根据成员资格来分配集体土地权益,对于目前仍享有集体土地承包权的农民来说,他们享有的土地承包经营权本身就是集体土地权益,他们的集体成员资格应该得到优先确认。

(3)贡献原则。对原来不是本集体组织成员,但后来以移民、开荒等多种原因来到本集体居住、生活、劳动,并对本集体社会经济发展有一定贡献的人,要予以考虑,确认其成员资格,使其享受集体成员的相关权益。

(4)保障的原则。对于因婚姻关系而迁入本集体组织的外嫁女和入赘婿,如果没有稳定的非农就业收入、不能享受城镇社会保障的,应确认其为本集体成员资格,享受相关成员权益。对于本集体成员的新生子女、在校大学生等应确定其为集体组织成员,享有一定的集体成员权益,确保其基本生活保障。

(5)民主决策原则。对于集体成员资格的确认,除坚持一些基本原则外,一些特殊人员的资格,比如:已经出嫁的本村妇女、义务兵、进入城市务工的大学生等,应由农民集体决策确定,充分发挥基层民主决策的优势,让农民的事情由农民自己解决。

2. 集体成员资格界定的依据

目前,学术界对农村集体成员资格的认定尚无统一认识,主要有以下几种观点:一是主张以单一户籍确认成员资格(孟勤国,2006);二是主张以是否以集体土地为基本生存保障(韩松,2005);三是主张兼顾户籍和是否以集体土地为基本生存保障(高飞,2011;郭晓鸣,2012)。

以户籍为单一标准进行确定,具有简单容易操作的特点。因为我国户籍比较规范,由公安部门统一管理,具有法律性和权威性,且每个人都持有登记本人最基本信息的户口凭证,易于辨别、容易实施,所以,以户籍为单一标准是许多村集体在农村土地改革中确定成员资格时采取的最优先、最主要的界定方式。但是,单单采取户籍认定也有一定的局限性,比如对于因婚嫁迁入本村生活但尚未进行户口迁移的村民、在校大中专学生等,按户籍来确定的话就显得不公平,因为他们在本村长期生活且例行一定的义务,或者只是暂时离开本村,但都需要依靠集体土地等资产维持基本生活;同时对于户籍位于本村的"空挂户"等,若享受集体成员资格又构成对集体成员权益的侵占。因此,对于一些特殊人员要针对不同情况,分别进行考虑。

　　土地是农民的立命之本,为农民提供了最基本的生存保障。我国农村土地之所以采取集体所有的形式,就是为了保障每一个农民都能平等地获得生存保障,这是我国农村土地集体所有制的基本功能和优势。因此,以农民是否依赖土地为其基本的生活来源和稳定的生活保障为依据,进而来确定他是否应该具备集体成员资格,享有集体成员权益,对于保障新生子女、因婚嫁迁入本村的人员、在校大学生等特殊人群的生存权,充分发挥集体所有制的制度优势具有重要意义。

　　兼顾户籍和是否以集体土地为基本生存保障来综合判定集体成员资格,在理论上既能充分体现集体所有制的制度优势,又能体现公平,具有一定的合理性。但是在具体的实践中操作起来也并非易事,一般在实践中除了户籍在本村的常住农业人口成员资格的确认没有异议外,其他一些特殊人员都要针对不同情况进行具体分析。根据相关学者的研究观点,结合部分地区的实践,经过总结,在农村集体成员资格的确认中,主要有以下15种类型成员组成,具体详见表2-2。笔者根据不同情况进行分别分析,研究哪些类型应该确认为集体成员资格,哪些不应该确认。

　　(1)户籍在本村的常住农业人口。

　　(2)户籍在本村,但长期在外打工或经商的人口。他们离开乡村来到城镇务工并不意味着放弃集体经济组织成员的资格,他们仍以农村土地为其基本生活保障,因此不能否定其成员资格。

(3)在校大学生。学生在读期间的费用主要依靠家庭提供,因而应保留其土地承包经营权给家庭,以便家庭以土地产出供养孩子上大学。在大中专院校就读的大中专学生的集体成员资格不因户口迁出而丧失。但是对于毕业后的大学生要根据具体情况进行分析,如果毕业后在城镇获得稳定工作,并享受城镇社会保障,则应取消集体成员资格。

(4)现役义务兵。服兵役人员一般要将其户口迁出原户籍所在地。根据《退伍义务兵安置条例》和《士官退出现役安置暂行办法》,农村入伍的义务兵和初级士官,复原后应回农村安置,政府不负责安排工作和解决城市户口,这就意味着他们需要重新回家种地,因此应认定为原集体经济组织的成员。但是对在部队已经提干或由义务兵转为志愿兵的,转业后国家安排在党政机关或事业单位工作,生活稳定,其生活保障性质已经发生变化,不应作为集体经济组织成员。

(5)因征地安排"农转非"的人口。因征地而被政府安置到城镇居住、购买了失地农民养老保险或城镇居民养老保险的农民,与真正的城市居民不同,所享受的工作条件、城镇住房、教育、医疗、失业、养老等保障与城镇居民有很大的差距,且多数仍然在农村居住和耕作,也没有取得城镇户籍,享受不到完整的城镇社会保险体系保障。因此,仍应该确认其集体成员资格,享有集体土地权益。

(6)因婚嫁迁入本村的人口。根据贡献和义务的原则,嫁入本村的妇女在本村居住、生产和生活,对集体经济组织的发展有一定的贡献,例行了集体成员的义务,应该确认其集体成员资格。

(7)集体成员的新生子女。我国民事法律规定,人的民事权利能力始于出生,即人一出生就享有与其他人相同的民事权利能力。因此,新生人口应被承认是集体经济组织的成员。

(8)集体成员超生的子女。婚生子女、非婚生子女、计划生育的子女、超计划生育的子女都是平等的,绝不可因为子女是非婚生子女或超计划生育子女就剥夺其集体成员的资格,剥夺其最基本的生存保障。在这里,应将违反计划生育政策的父母的过错与超计划生育的子女的权利区别开来,不可用剥夺子女权利的办法惩罚超计划生育的父母。

(9)离婚或丧偶后继续在本村生活的人口。《农村土地承包法》规定:"妇女离婚或者丧偶,仍在原居住地生活或者不在原居住地生活但在新居住地未取得承包地的,发包方不得收回其原承包地",应该继续享有集体土地承包权益,确认其集体成员资格。

(10)符合国家移民政策到本集体经济组织落户的。

(11)因婚嫁迁出本村的人口。这个是争议较多的类型。根据《农村土地承包法》"承包期内,妇女结婚,在新居住地未取得承包地的,发包方不得收回其原承包地"的规定,需要根据出嫁女是否在新居住地享有土地承包经营权,如果享有,则不能再同时享有原村集体的土地权益,不具有原集体经济组织成员资格;如果在新居住地没有享有,则原有集体经济组织成员资格应该予以保留,并享有集体土地收益。

(12)离退休后回农村落户的人口。已经享有城镇提供的社会保障,领取退休工资和养老保险金的,不应再享有农村集体土地保障利益,不能取得集体成员资格、享有土地使用权或分配集体收益。

(13)死亡人口。自然人的民事能力于死亡时终止。因此,从死亡时起,集体经济组织成员资格即丧失。

第二章 农村集体土地权利主体改造:合理分配土地收益的前提

(14)从外地迁入本村空挂户籍或挂靠户口的。比如一些城镇居民为了躲避计划生育政策,将超生的子女户口落到农村,形成户口挂靠的,不应该享有集体成员资格。

(15)户口未迁出,但在城市有稳定工作且享受城市社会保障的。

表 2-2 集体成员资格确认分析

应优先确定成员资格	应具有成员资格	根据具体情况确定是否具有成员资格	应取消成员资格
户籍在本村的常住农业人口	户籍在本村,但长期在外打工或经商的人口; 在校大学生; 现役义务兵; 因征地安排"农转非"的人口; 因婚嫁迁入本村的人口; 集体成员的新生子女; 集体成员超生的子女; 离婚或丧偶后继续在本村生活的; 符合国家移民政策到本集体经济组织落户的	因婚嫁迁出本村的人口; 毕业后的大学生; 转业后的志愿兵	离退休后回农村落户的人口; 死亡人口; 从外地迁入本村空挂户籍或挂靠户口的; 户口未迁出但在城市有稳定工作且享受城市社会保障的

针对以上 15 种情况,经过深入分析,笔者认为前 10 种情况应该确定为农村集体成员资格,有权享受集体资产权益;出嫁女和毕业大学生及转业后的志愿军等特殊情况需要根据具体情况来确定是否具有集体成员资格,而后 4 种情况不应该确认成员资格,不能享受集体资产权益。本书的研究只是为农村集体成员资格确认时提供依据和参考,但是在具体实践中要根据不同情况进

行灵活处理,要充分发挥基层民主,进行民主决策,对于一些特殊人员的资格确认问题应该由村民大会讨论决定。

二、成员资格的界定时点及权益保障模式

确定集体成员资格之后,在集体成员权益的维护上,仍然是一个复杂的问题。因为集体成员资格确认具有时点性,往往是在一个时点进行确认,而随着人员的生老病死、婚姻嫁娶、迁进迁出,集体成员却是不断变化的群体。那么如何协调成员权益保障的稳定性与成员不断动态变化二者之间的关系,是在一个时点确定集体成员资格及权益不变还是随着时间的推移不断调整集体成员资格与权益,调整的时间怎么确定,集体成员的权益如何保障等,是一个复杂的问题。

1. 成员资格确定的时点

集体成员资格的确定关系到集体成员土地承包权益的获得、土地征收补偿款的分配及农村土地资产经营收益的分配等,在不同的时点,集体成员的组成不同、人数不同、成员所享有的权益不同,因此,以什么时点来确认集体成员资格,往往成为集体土地权益分配争议的焦点。

据调查,在成都农村土地改革中,全面进行土地确权是一个亮点,但在农村土地确权时,绝大部分农村以确权开始为时点,按照现有的集体成员,进行了土地的重新调整和分配。在广东、浙江、江苏、海南等地的农村土地股份制改造中,大部分以股份制建立为时点进行集体成员资格的确认。但在建立农业合作社的地方,往往没有进行土地的重新分配,即没有进行集体成员资格的重新确认,仍然是以第二轮土地承包经营权为基础进行合作,以家庭为中心进行土地权益的分配与确认,即集体成员资格的确认

第二章 农村集体土地权利主体改造：合理分配土地收益的前提

时点仍然保持在第二轮土地承包之时。农村集体经济组织成员资格确认时点如图2-5所示。

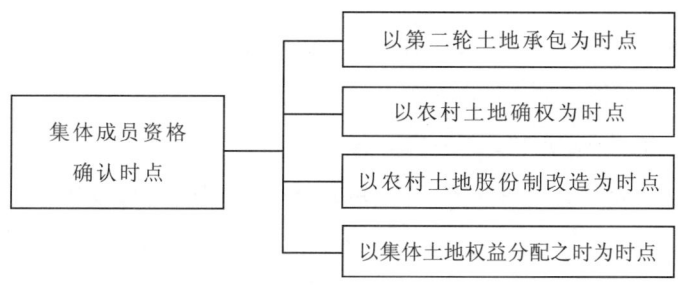

图2-5 农村集体经济组织成员资格确认时点

在确定集体成员资格之后，有些地区在某一个时点将集体组员资格进行固定化之后不再改变，即新增集体成员不再享有集体土地权益。对于新增成员需要享有土地权益时，各地采取的方式大多通过有偿转让的方式从其他成员手中购买，或者在股份制建立之初设立一定的集体股，新增成员可以购买集体股，比如广东的南海。也有一些地区在确定集体成员资格时，确定时点并不固定，而是在每次分配集体权益时都重新确定集体成员资格，在分配时点只要符合集体成员资格条件，都享有分配集体资产的权利。这样的制度设计是延续了集体土地所有制"人人有份"的制度优势，对于保障每个成员的集体权益，特别是维护新增人口的集体成员权益具有一定的积极意义。但由于重新分配的程序和过程比较复杂，这种模式一般在农村集体资产股份制改造或合作社改造中应用较多，因为在集体资产股份制改造或合作社改造后，集体土地等资产归集体统一经营管理，在重新分配时只需要"动账不动地"就可解决，集体成员权益重新分配的运行成本较低。

以上每一种确定集体成员资格的界定时点方式都有一定的特殊背景,都有各自的适应特点和优越性,具体采用哪种方式,应根据不同的农村土地权益保障形式以及成员资格确认时点的适应性进行具体分析确定。

2. 集体成员权益的保障模式

我国农村集体土地实行家庭联产承包责任制,是以家庭为承包对象的,但是家庭又是由单个的农民个体组成的。《农村土地承包法》一方面规定:"农村集体经济组织成员有权依法承包由本集体经济组织发包的农村土地。任何组织和个人不得剥夺和非法限制农村集体经济组织成员承包土地的权利",强调了农民个体的成员资格权利;另一方面又规定:"农村土地承包以家庭承包经营为基础,在承包期内,发包方不得收回承包地。承包期内,承包方全家迁入小城镇落户的,应当按照承包方的意愿,保留其土地承包经营权或者允许其依法进行土地承包经营权流转。承包期内,承包方全家迁入设区的市,转为非农业户口的,应当将承包的耕地和草地交回发包方。承包方不交回的,发包方可以收回承包的耕地和草地",又从侧面强调了以家庭为基础的土地承包经营权,强调了家庭的主体地位。因此,集体成员权益的保障是以家庭为中心还是以农民个体为中心,也是一个关键问题,以家庭为中心还是以个人为中心,其效果完全不同,结果也有明显差别。

如果以农民个体为中心,能保障每个农民个体的成员权益,特别是新增人口的利益能得到充分保障,更有利于维护社会公平。但农村人口是一个不断变化的动态过程,随着新生人口的增加及旧成员的离世,新增成员对不断重新调整农村土地权利的需求较高;同时,为了确保公平,还要建立有效的退出机制,使因离世或其他原因离开集体的成员权利能有效退出。总之,以农民个体为中心,更加有利于保障公平,但制度运行成本较高,特别是对土地承包经营权来说,制度运行成本更高。

如果以家庭为中心,相对于村集体而言,家庭也是一个小的"集体",是由若干个农民个体所组成,并且由于这些农民个体之间有血缘关系,使得这个"集体"的凝聚力更强,能更好地解决诸多集体经济组织这个"大集体"不好解决的问题。比如新增人口的权益问题,若一旦稳定家庭为主体的农村土地权益,并保持长期稳定不变,那么新增人口的成员权益问题就可以在家庭内部通过继承或者再分配等方式进行解决,不会遇到太大的阻力,并且家庭的存续周期较长,以家庭为中心,以家庭的存续为成员资格的持续和灭失,可以保持其权利的稳定,同时也阻断了因个体成员的不断变化对集体权益不断进行细分的念想。同时,也能顺利实现国家对农村土地承包经营权保持长期稳定的制度要求,减少不断调整的制度运行成本,激励新增劳动力的转移。

因此,我国现行农村土地制度存在不可调和的矛盾,要忠于公平,土地就会随着人口的变动不断调整,进而影响土地权属的稳定,影响土地使用效益的提高;要维护土地权益的稳定,就会阻止随人口变动而不断调整土地的需求,不得不牺牲公平的原则。农村土地制度的改革,是继续强调公平,还是强调效率,值得深思。

笔者认为,没有绝对的公平,在坚持强调公平的同时,失去了效率,对于追求效率的村民来说也是一种不公平。长期以来,农村土地担负着保障农民基本生活以及维护社会稳定的职能,当农民的温饱问题已经解决,而增收问题成为农村经济发展的主要矛盾时,农村土地制度的改革必须要以市场化为背景,把经济效率放在首要的位置,促进土地适度规模经营,努力增加农民收入。因此,在我国市场经济飞速发展的背景下,农村土地权利制度改革必须要注重效率(项继权,2007),建议在某一时点将农民土地权利固定化,然后实行"生不增,死不减"政策,并允许土地权利的有偿转让,新增人口等特殊人员的权益保障交给家庭内部和市场来解决。

第四节 小 结

我国农村土地经过了私有化到集体所有的制度变迁,集体土地所有制在促进农民生产互助、维护社会公平方面发挥了极大作用,在现阶段对维护农民的基本生活保障亦起到了一定的积极作用。但在市场化的背景下,我国农村土地集体所有制的弊端也逐步显现,比如集体土地权利模糊、集体土地权利主体缺位、农民的成员权益难以实现、集体经济组织难以与市场接轨等问题,对农村土地权利制度进行改革是适应历史发展的需要。

为解决目前集体土地权利主体缺位、农民的成员权益不清等问题,要根据农村的具体情况对农村集体经济组织进行改造:一种是村民仍以自主农业生产为主的集体,按照《中华人民共和国农民专业合作社法》进行合作社法人改造;一种是对于涉及大量流动资产、固定资产,且大多数农民已经进入第二、第三产业,不再以务农为主的农村集体,按照《公司法》进行股份制法人改造。通过对集体土地权利主体进行法人化改造,明晰农民成员权益,使集体经济组织改造为市场化的法人主体。

由于农村土地集体所有的性质,集体成员平等地无偿享有土地承包经营权、宅基地使用权、集体土地收益分配权等权益,因此

第二章 农村集体土地权利主体改造：合理分配土地收益的前提

确定集体成员资格，明晰成员权益，是维护农民土地权益的关键。对于集体成员资格的确认要体现尊重历史、结合贡献、保障生存和民主决策的原则，对于属于本村集体户籍的农业人口要优先确定其成员资格，其他特殊人员的资格确认交由村民大会讨论决定，这是充分发挥基层民主，提高村民自制能力的体现。

随着人们的生老病死、婚配嫁娶、迁进迁出，农村集体成员是一个不断变化的群体，如何在这个不断变化的情况下保障集体成员的权益，是一个辩证过程。在集体成员权益的保障过程中，既要考虑公平，又要考虑效率。但公平是相对的，且保证公平需要很大的制度运行成本。笔者认为，在市场经济的潮流下，集体成员权益的保障要以效率为主，尽量在一个时点，确定集体成员资格，固定集体成员权益，实行集体成员权益"生不增，死不减"政策，新增人口等特殊人员的权益保障靠家庭内部消化，即"效率交给市场，公平交给家庭"。

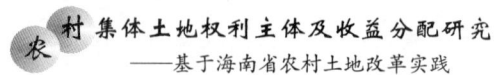

第三章

土地承包经营权流转：
不同权利主体对耕地租金的博弈

我国目前正处于城市化和工业化的高峰期，随着大量农村劳动力不断转移到城市和非农产业，农民对耕地的依赖逐渐降低，耕地流转是一种必然的选择，农地规模化经营是我国农业发展的必然趋势。但是在现有农村土地分户经营的基础上，土地零散地分布在广大农民手中，推进土地规模经营的租金成本和谈判协商成本较高。如何有效实现土地的集中、如何保证规模化经营的良性发展、如何实现农村人口的顺利转移，是值得深入研究的问题。本章以海南省土地承包经营权流转为基础，在深入分析流转中存在问题的基础上，通过对农民、土地规模经营者、政府之间的利益博弈分析，对如何实现土地规模化经营的良性发展进行了研究。

第一节 海南省农村土地承包经营权流转概况

一、土地交易市场主体建设情况

据统计，2007年前海南省农民专业合作社数量仅250多家，2008年达到951家，2009年达到2 342家，2010年达到3520家。截至2011年11月，海南全省合作社总数突破5 000家，达到5 368

家,入社农户突破 10 万人,带动农户达到 30 万人,占全省农户总数的 28% 左右。海南省农民专业合作社的建立,在维护农民土地权益,促进农民生产合作及推动土地流转方面起到了积极作用。

二、农地承包经营权交易平台建设情况

海口市和东方市是海南省农村土地承包经营权流转试点城市,为促进农村土地承包经营权流转,提高土地流转价格,保护农民利益,海口市和东方市相继建立了农村土地承包经营权流转服务中心,构建了农村土地承包经营权市场交易平台。

2012 年,海口 23 个镇都成立了经营权流转服务中心,248 个村成立了流转服务站。各镇都落实了场地,购置电子触摸屏,建立工作机制。龙华区龙泉镇、秀英区长流镇、琼山区大坡镇、美兰区大致坡镇分别安装了电子显示屏,随时发布经营权流转信息。截至 2012 年 12 月底,海口市共完成经营权流转 1 300 宗,面积 6 600 公顷。

2012 年,东方市板桥镇完成了农村土地流转服务中心建设。同年 5 月,板桥镇 20 公顷集体土地通过竞拍,以 6 450 元/公顷流转,敲响了服务中心流转土地"第一槌",10 月,板桥镇又有 86.67 公顷农村土地通过招租竞标,以 1.05 万元/公顷的价格进行流转。目前每亩土地租金为 1.95~2.1 万元。

三、农地承包经营权流转及收益

据统计,海南省农村土地 52.74 万公顷。其中,家庭承包面积 35.36 万公顷,占总数的 67.04%,户均承包 0.33 公顷,人均承包 0.067 公顷。

据调查,2012 年,全省农村土地承包经营权对外流转面积约

7.94万公顷,占全省土地承包总面积的22.46%。在对外流转土地中用于养殖业的面积为2.98万公顷,占37.53%;用于休闲农业的面积为1.59万公顷,占19.98%,二者面积合计4.57万公顷,合计占57.51%。

目前流转的方式以转包和出租为主,同时股份合作、合作经营、委托经营等形式也不断涌现,流转对象多元化,规模经营趋向明显。近年来,农业龙头企业实力增强,"企业＋基地＋农户"和"合作社＋基地＋农户"等经营模式发展迅速,加速了农村土地承包经营权流转,促进了规模化经营发展。近些年,从事农业开发的经营主体越来越多,农村土地流转价格水涨船高,土地流转租金已经达到每年1.50～2.25万元/公顷,在部分地区甚至已经达到了3.00万元/公顷左右,农民财产性收入大幅增加。

第二节　土地承包经营权流转收益中存在的问题

海南省在农村土地承包经营权流转中也取得了一定的成效,完善了农村土地权利主体,建立了农村土地交易平台,大大促进了土地的流转和规模化经营,但在推进土地规模化经营过程中土地的租金大大提高的同时,我们往往只看到农民得到了多少实惠,而恰恰忽略了其中存在的问题和风险。

一、地租分配不合理,影响了规模经营者的收益

土地收益的来源基于地租。按照马克思的地租理论,地租可以分为绝对地租和级差地租。绝对地租是土地所有权存在的必然结果,是土地所有权权益在经济上的实现,应该归土地所有者享有;级差地租又分为级差地租Ⅰ和级差地租Ⅱ,级差地租Ⅰ的

高低取决于土地质量和区位的好坏,而级差地租Ⅱ则由使用者投入资本的多少来决定。

绝对地租是指土地所有者凭借土地所有权垄断所取得的地租,应归土地所有者——农民集体享有。但由于集体土地所有制是一种特殊的所有制,农民集体和农民个体之间是一种特殊的关系,农民集体是土地的所有者,农民个体是集体的有效组成部分,农民个体具有土地所有权主体和使用权主体的双重属性,农民个体作为集体成员,有分享农民集体作为土地所有者获得的绝对地租的权利。而在现实中,《农村土地承包法》规定:"承包期内,发包方不得收回承包地。土地承包经营权流转的主体是承包方。承包方有权依法自主决定土地承包经营权是否流转和流转的方式。承包方依法享有承包地使用、收益和土地承包经营权流转的权利,有权自主组织生产经营和处置产品。土地承包经营权流转的转包费、租金、转让费等,应当由当事人双方协商确定。流转的收益归承包方所有,任何组织和个人不得擅自截留、扣缴"。由此可以看出,农民在承包期内几乎享有土地所有权的所有权益,农民对土地承包经营权拥有绝对地租的支配权。

对于农用地来说,级差地租Ⅰ的高低取决于土地质量和区位的好坏。在农用地土地承包经营权期限内,土地经营权不得调整,土地承包经营权人在生产经营中就具备享有由土地质量和区位带来的级差地租Ⅰ的权利。同样,若土地承包经营权人选择将土地流转,也同样应该享有级差地租Ⅰ。因此,土地的级差地租Ⅰ应该归土地承包经营权人享有。

级差地租Ⅱ则由土地者投入资本的多少来决定,对于流转出去的土地承包经营权来说,土地投资主要是由土地的承租方即规模经营者来完成,因此,按照地租理论,级差地租Ⅱ应该由规模经营者享有。

而现实存在的情况是,土地承包经营权人几乎获得了所有地租。因为按照耕地的市场价值,即使不算劳动力成本,每亩耕地每年的纯收入也就1.50万元/公顷左右,现在土地的租金已经达到了1.50～2.25万元/公顷,相当于土地承包经营权人占有了所有的地租。

二、土地租金越来越高,影响了自耕农业经营大户的形成

在目前政府＋公司推动的土地规模化背景下,土地的租金越来越高,一些想扩大耕地经营规模的自耕农就显得无能为力。如果自耕农不提高租金就租不到土地。但是如果支付1.50～2.25万元/公顷的土地租金,自耕农就完全失去了土地收益,甚至还会出现亏损。因为自耕农仍然以粮食生产为主,收益十分有限,靠扩大投资从事附加值较高的高效农业生产他们又没有足够的资金和实力。因此,在当前的土地规模经营模式下,不利于自耕农的培养,农村土地越来越多地流向出价较高的农业经营公司,农业规模经营逐渐向公司化、企业化方向发展。

三、土地租金压力较大,规模经营前景堪忧

目前,农用地的流转形式主要是出租。随着社会经济的发展,农用地的价值逐渐显现,再加上政府的大力推动和补贴,农用地流转的租金逐年攀升。农用地流转的租金已经由之前的每年几十元每亩增长到了目前的几百元甚至上千元每亩,土地的流转租金已经大大超过了农业用地从事粮食生产所能获得的净收益。据调查,每年农用地粮食生产的平均净收益为6 000元/公顷左右

(张路雄,2012;樊平等,2012)。

少数无法自己耕作土地的农民过去出租土地的价格较低,一般为每年 4 500~7 500 元/公顷,但在目前的土地规模化经营模式下,加上政府对规模经营者的支持和对农民利益的保护,农民索要的地租已经远远超出以前的价格。由于土地经营收益绝大部分被土地的承包经营权人分享,除去土地租金,规模经营者的土地净收益所剩无几,租地者很难真正从农业耕种中获利。

在这种情况下,农用地的流转收益分配就出现了倒挂,企业在巨大的土地租金压力下,在以追逐经济利益为目标的经营理念下,企业就被迫将农用地改为非农建设用地使用,进行农业观光园、乡村旅游、生态农庄等经济效益较高的非农建设开发,逐渐出现流转土地的非农化、非粮化现象。可以预见,如果耕地大量流入公司化企业,土地的非粮化和非农化趋势难以避免,不仅将导致农作物种植面积的下滑,还会占用大量土质肥沃的良田,破坏土壤质量,对国家粮食安全战略构成潜在的威胁。据统计,海南省农村土地承包经营权对外流转面积约 7.94 万公顷,对外流转土地中用于养殖业、休闲农业等非农产业的面积已经达到 4.57 万公顷,占土地承包经营权流转面积的 57.51%;从事非农项目建设占用土地 0.29 万公顷。

第三节 不同主体对土地租金的博弈研究

一、农村不同劳动力类型对土地租金需求的理论解析

从分散农户的角度分析,农户算上自己的劳动力成本一年的经营收益也只有 1.5 万元/公顷左右,除去农户的劳动力成本之

后,农户的经营净收益也就 6 000 元/公顷左右。按照成本收益理论,只要土地租金大于 6 000 元/公顷,农户就应该愿意将土地租出去,土地的租金与供给曲线应该是一条位于 6 000 元附近的富有弹性曲线。

而现实并不是如此,土地规模经营模式下的土地租金普遍较高,已经达到了 1.5 万元/公顷以上,达不到这个数,农民就不愿意出租土地,规模化经营就无法开展。为什么会出现这样的情形呢?笔者经过认真调研,通过对目前我国农村劳动力现状和结构进行深入分析后发现,在城市化的背景下,农村人口分成了进城务工的青壮年劳动力(农民工)和留守在农村的妇女、儿童和老人等弱劳动力两种类型。对于青壮年劳动力和妇女、老人等留守劳动力来说,不同的群体对于土地租金的需求不一致,并且有明显的偏差,由此造成了土地流转动力及对租金需求的差别性。

1. 基于青壮年劳动力角度分析

对于青壮年劳动力来说,按照海南省人均耕地 0.067 公顷,年收入 6 000 元/公顷计算,依靠农业种植一个劳动力一年的收入也就 400 元左右。如果选择继续留在农村耕种土地,就意味着会丧失进城务工的机会,而目前农民工进城务工的平均收入已经达到 2 000 元/月左右,即一年可达 24 000 元,远远高于农业种植的收入。从经济学的角度分析,对于这些青壮年劳动力来说,从事粮食种植一年的收益其实为亏损 23 000 元(1 000 − 24 000)。因此,在部分地区出现的农民将土地无偿或以极低的价格提供给亲朋好友耕种,甚至出现农田抛荒的情景就不足为奇了。

2. 基于留守劳动力角度分析

对于留守妇女和老人来说,情况就大大不同。青壮年进城务工之后,妇女和老人留守在农村继续耕种土地,虽然土地耕作效率没有青壮年劳动力高,但是在目前农业机械化生产应用比较普及的情况下,借助农业机械化生产的优势,也足以保证粮食生产等土地经营的顺利开展。

妇女和老人依靠土地经营收益足以维持生活,并且在不计算劳动力成本的情况下仍然可以获得大约每年 6 000 元/公顷的盈利。在这种情况下,按照经济学中的成本收益理论,农民自己耕种净收益为每年 6 000 元/公顷左右,如果规模经营者每年愿意出价 6 000 元/公顷,农民不用劳动就可以依靠土地的承包经营权获得与自己耕作同样多的收益,那么他们应该愿意将土地出租才对。而实际上,留守在农村的妇女和老人并不愿意。

因为他们自己耕作的实际年收入并不止学者计算的 6 000 元/公顷,而是大约有 12 000 元/公顷,这不是计算的结果,而是他们切切实实可以得到的收入。这个差值就是来自他们的劳动力成本,因为在农民的计算方式中,收入里面要加上自己的劳动力成本,大约 6 000 元左右。在土地出租的过程中,如果不将自己的劳动力成本算进去,他们是不愿意将土地出租出去的。

因此,从经济学的角度分析,他们是考虑了自己劳动力的机会成本,对于他们来说,留守在农村,除了耕作之外他们没有其他的工作技能,况且在农村也没有其他的工作机会,所以他们的劳动力只能在耕作上发挥作用,一旦离开土地,他们的劳动力就失去了价值,他们就失去了耕作的机会成本。所以,对于留守劳动力来说,出租土地的损失不但包括他们依靠耕作能获得的净收益,还包括他们的劳动力成本,在这种情况下,如果土地租金为 6 000 元,那么,从经济学的角度分析,农民将土地出租获得的利润就是-6000 元,农民肯定不愿意。但是如果将土地的租金提高到 12 000 元,弥补了他们所损失的劳动力机会成本,则农民就愿意租出土地,土地流转的积极性就会大大提高。

综上,对于劳动力价值较高的青壮年劳动力来说,他们能在城镇务工或者从事第二、第三产业,可以取得远高于农业经营的收入,他们对土地的租金期望值不高,他们的土地租金与供给曲线为 S_1,只要租金大于 0,他们都愿意将土地出租。对这个劳动力群体而言,土地租金稍微提高,供给量就迅速增加,土地供给弹性系数较大。而对于留守妇女、老人等对耕地依赖性较强的留守劳动力人群来说,他们对土地的租金期望值较高,当土地租金在12 000元/公顷以下时,他们出租土地的意愿较低,土地供给弹性较低,他们的土地的租金与供给曲线为 S_3;当土地的租金涨到12 000元/公顷以上时,他们出租土地的意愿就比较强烈,土地供给弹性较高。对于半留守的人群来说,他们处在离家不远的乡镇或县城地方务工,农忙时节如果务工时间比较宽松就能回来从事农业生产,如果顾不上就"靠天收",农业经营对于他们来说就像"鸡肋",丢之可惜,留着就多一份收入和保障。但是如果租金合适他们也愿意出租,他们的土地租金与供给曲线为 S_2,位于 S_1 和 S_3 之间,即当土地租金在 6 000 元/公顷以下时,他们出租土地的意愿较低,土地供给弹性较低;当土地的租金涨到 6 000 元/公顷以上时,他们出租土地的意愿就比较强烈,土地供给弹性较高。由此,基于不同劳动力类型对租金的期望差别,就形成了如图 3-1 所示的农用地租金与供给曲线。

二、土地规模化经营中农民和规模经营者对土地租金的博弈

1. 农民对土地租金的博弈

按照一般商品的价格与供需规律,当商品的价格(P)上涨时,

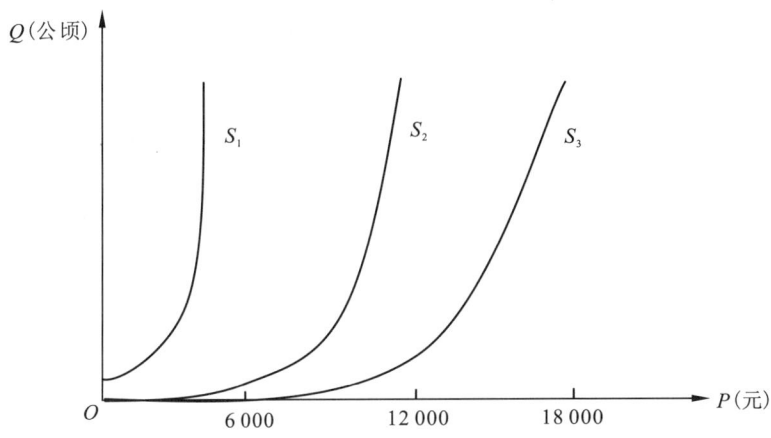

图 3-1 基于不同类型劳动力的农用地租金与供给曲线

需求（Q）减少；相反，当商品价格下降，需求增加，商品的价格与需求曲线应该是沿图 3-2 中曲线 D 的方向发展。

但根据笔者的调研结果，在农村土地承包经营权流转时，却出现了相反的情况。当土地在农户之间小规模流转时，土地流转面积一般为 6.67 公顷之内，土地流转租金较低，一般为 1 500～7 500 元/公顷；而当土地流向规模化经营企业或农户时，土地承租面积一般较大，为几十到上百公顷，单位土地面积的租金却不降反升，往往达到 12 000 元/公顷以上。也就是说，当规模经营需要大量土地时，土地的租金不但没有随着需求的增加而降低，反而出现了大幅度的增长，土地的价格－需求曲线没有沿曲线 D 的方向发展，而是按照沿 D' 方向发展，曲线 D 和 D' 变化趋势完全相反（图 3-2）。

之所以出现上述情况，原因就是，小规模的土地流转和大规模的土地经营二者面对的土地权利主体不同，不同的权利主体对

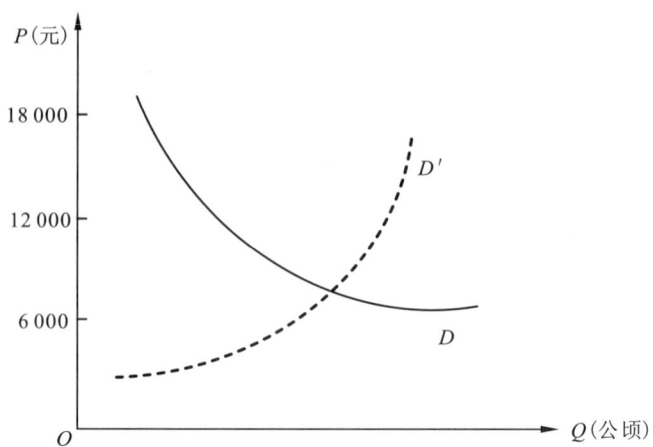

图 3-2 土地规模化程度对农用地租金的影响曲线

土地租金的期望不同。农户之间进行的分散土地流转,对土地没有集中连片的要求,土地的权利主体主要是农村青壮年劳动力并且家庭内部没有留守劳动力的群体,土地的租金收入对他们的生活影响和束缚较小,他们对土地租金的期望值不高,土地流转价格一般较低。而规模经营农户特别是规模经营企业,为了方便土地规模化经营,需要大量的土地,往往涉及几个村,且要求土地集中连片,这样土地的流转对象不仅涉及到对土地依赖性较低的青壮年劳动力,也涉及到对土地依赖性较高的妇女和老人等留守劳动力,且留守劳动力掌握着大部分的农村土地,他们的土地租金期望值较高,进而导致了土地租金价格水平的整体提高。

2. 规模经营者对土地租金的博弈

根据价格对需求的影响,对于规模经营者来说,如果规模经营者从事粮食生产纯收益能够达到 12 000 元/公顷左右,农户土地租金要价为 6 000 元/公顷左右,则规模经营者除去要支付的土地租金之外还有净收益 6 000 元/公顷左右,规模经营者依靠租地进行农业生产有利可图。如图 3-3 所示,土地的需求曲线为 D,土地的租金与规模经营者对土地的需求曲线相交于点 D_1。如果农户土地租金要到 12 000 元/公顷,则规模经营者除去土地租金之后的收益就微乎其微,在这种情况下,如果双方都是经济人,双方的交易就会失败,规模经营者就失去了租地进行生产的动力和可能。

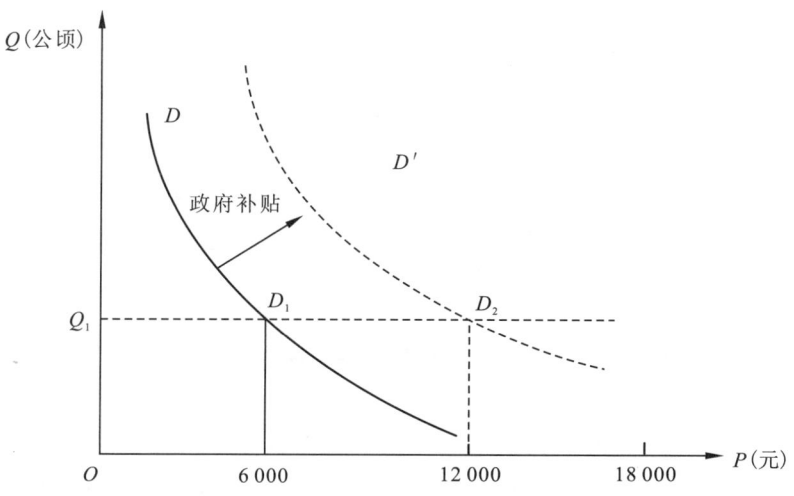

图 3-3 基于规模经营农户角度的农用地租金与需求变动曲线

但是,通过调查我们可以发现,在现实中并不是这样,土地规模经营者特别是专业化的农业公司耕地租金往往在 12 000 元/公顷左右,但是在这种状态下规模经营还能一直维持,原因是政府的补贴使得土地的价格需求曲线发生了偏移。为了支持规模经营者的发展,国家给予农业规模经营者诸多政策支持和资金补贴,比如:粮食价格补贴、良种补贴、化肥补贴、农药补贴、农机补贴、农业大棚补贴等,这些农业补贴导致了土地规模经营收入构成的改变。据调查,政府对规模化经营企业的农机补贴可以达到1万元/台,对温室大棚等农业设施建设给予每公顷7.5万元~75万元不等的补贴。

受政府农业补贴的影响,规模经营者租赁土地的价格需求曲线向右发生了偏移,土地的租金与规模经营者的需求曲线在D_2点重新达到了平衡。但是可以看出,规模经营者的收益依然十分有限,基本上是靠政府的补贴来维持利润。为了维持这种平衡,政府就要持续不断地投入,因为一旦政府的补贴取消或降低,这个平衡就会瓦解。因此,这种农村土地流转收益分配方式是极其不稳定和不健康的。在这种背景下,就会出现规模经营企业与政府的博弈。部分规模经营企业可能会圈占大量土地不是以粮食生产为目的,而是借助土地规模经营的幌子套取国家农业补贴。

三、对农业发展造成的影响分析

1. 土地租金越来越高,影响了自耕农业经营大户的形成

在不同主体对土地租金的博弈下,土地的租金越来越高,导致一些想扩大耕地经营规模的自耕农(种植大户、家庭农场)就显得无能为力。如果自耕农出租土地不提高租金就租不到土地,因为已经有人愿意出这个高价。但是如果支付12 000元/公顷的土地租金,自耕农就完全失去了土地收益,甚至还会出现亏损,但同时,自耕农仍然主要是靠粮食生产为主,收益十分有限,靠扩大投资从事附加值较高的高效农业生产他们又没有足够的资金和实力。因此,在当前的土地规模经营模式下,不利于自耕农的培养(张路雄,2012;樊平 2012),农村土地越来越多地流向出价较高的

农业经营公司,农业规模经营逐渐向公司化、企业化方向发展。

2. 谈判等运行成本较高,土地规模化经营开展困难

我国农村土地实行家庭承包制,土地承包经营权掌握在农户手中,且每户的土地面积较小、位置比较分散,农村耕地"户均不过十亩,分散七八块"(贺雪峰,2010),且每块耕地质量不同的现状,决定了如果要进行规模化经营,要达成协议的制度成本就较高。按海南省户均承包土地 0.33 公顷计算,如果要经营 66.67 公顷土地,就需要与近 200 户进行谈判,可能还要跨越自然村的界限,需要与多个村集体的农民进行谈判,达成一致的协调成本较高。在规模化经营需要连片的情况下,只要有少数人不同意合作,规模田块之间就会有坚守农户田块的穿插,就会影响农业机械化的使用,就会影响农业规模化生产。此外,如果在合作过程中有少数农户因为种种原因选择退出或拒绝合作,同样会影响土地规模经营的开展,土地规模化的运营成本较高。因此,在现有制度下,土地规模化经营需要的谈判时间、精力较多,合作的风险较高,规模经营主体损失的机会成本较高(邹伟,2006),制度运行成本较高,土地规模化经营的开展十分困难。

3. 土地租金压力较大,规模经营前景堪忧

由于我国人多地少的国情,人均、户均土地较少,不管是种植大户、家庭农场还是规模经营企业,土地主要靠租赁获得,土地的租金压力过大。由于土地经营收益绝大部分被土地的承包经营权人分享,除去土地租金,规模经营者的土地净收益所剩无几,租地者很难真正从农业耕种中获利。在这种情况下,农用地的流转收益分配就出现了倒挂,企业在巨大的土地租金压力下,在企业以追逐经济利益为第一目标的经营理念下,就被迫将农用地改为非农建设用地使用,进行农业观光园、乡村旅游、生态农庄等经济

效益较高的非农建设开发,逐渐出现流转土地的非农化、非粮化现象(郭晓鸣,2012)。可以预见,如果耕地大量流入公司化企业,土地的"非粮化"和"非农化"趋势难以避免,不仅将导致农作物种植面积的下滑,还会占用大量土质肥沃的良田,破坏土壤质量,对国家粮食安全战略构成潜在的威胁。

第四节 构建农民退出机制:农业良性发展的必然选择

一、农民退出的必要性分析

1. 大量农村劳动力转移,农业生产效率下降

随着我国城镇化和工业化的发展,城市提供了大量的就业岗位,吸引了大量农民工进城务工。国家统计局2012年全国农民工监测调查报告显示,我国农民工总数达到26 261万人,比上年增加983万人。其中,外出农民工16 336万人,增加473万人,增长3%;本地农民工9925万人,增加510万人,增长5.4%。"新生代农民工"(80后)在外出打工的1.5亿农民工里面占60%,大约有1亿人(表3-1)。

随着大多数优秀的农村劳动力进入城市领域,低效的农村劳动力即所谓的"386199"(是对广大农村留守的妇女、儿童和老人的戏称,38指代妇女,61指代小孩,99指代老人)大军成为农业生产的主力,妇女、小孩、老人与土地的结合效率很低,农业的总体生产效率严重下降。在理论上来讲,这时候应该出现土地资源向效率高的劳动能手集中的现象才对,但遗憾的是,这种现象并没有出现。中国农村没有出现因农民工进城而产生土地资源集中并高效利用的现

象,反而是顽固地坚守低效率的状态。根据农业部经营管理司的数据,到 2007 年,全国土地流转面积占耕地承包面积的 5.2%,与 80% 农村青壮年劳动力流入城市的比例严重不对等。

表 3-1　我国近 5 年农民工数量统计表

(单位:万人)

年份	2008 年	2009 年	2010 年	2011 年	2012 年
农民工总量	22 542	22 978	24 223	25 278	26 261
外出农民工	14 041	14 533	15 335	15 863	16 336
住户中外出农民工	11 182	11 567	12 264	12 584	12 961
举家外迁农民工	2 859	2 966	3 071	3 279	3 375
本地农民工	8 501	8 445	8 888	9 415	9 925

数据来源:国家统计局 2012 年全国农民工监测调查报告。

2. 农民工离乡不离土,影响了土地的长期流转

我国目前农村土地承包经营权实行 30 年不变,同时,国家规定农村土地不准非法买卖。所以,农民进城务工的同时,依然保留着农村承包地和宅基地,仍然和农村土地保持着紧密的联系。部分农民工会在粮食耕种、收割的季节返乡。此外,由于城乡二元体制的限制,85.7%的农民工依然没有城镇社保保障,99.4%的农民工在城镇没有自己的住房,大部分农民工还不能完全融入城市,待丧失劳动能力之后,农民工又不得不返乡生活和居住(国家统计局,2012)。实际上,在目前,农村土地依然是农民工的最后一道社会保障,农民工还不具备和农村土地彻底断绝关系的能力,从而使土地长期流转的动力大大降低(乐章,2010)。由于农

民还不能完全离开土地,就会导致农民对自己的承包地时时刻刻保有一定的眷恋情结,农民不愿长期出租自己的土地,宁愿无偿或者以少量租金让自己的亲朋好友耕种,或者保持低效耕种,也不愿意长期出租给专业化的公司经营。

3. 建立农民退出机制,是推行土地规模化经营的基础

我国农村土地实行家庭承包制,土地承包经营权掌握在农户手中,并且根据国家的政策趋向,越来越注重维护土地承包经营权的稳定,保护农民土地承包经营权收益,这样,土地承包经营权的收益权就牢牢掌握在每个农户手中。同时,每户的土地面积较小、位置比较分散,每块耕地质量不同的现状,决定了如果要进行规模化经营,要达成协议的制度成本就较高。

4. 建立农民退出机制,有利于提高农民种粮积极性

我国农村土地承包经营权的现状,既不利于农业生产规模的扩大,也不利于劳动分工的发展,更不利于农业技术的进步,难以连接大市场,阻碍了农村商品市场的发育,使我国农村经济带有浓厚的小农经济色彩,使我国农业生产长期滞留在半自给自足的自然经济阶段,导致农产品成本过高,缺乏市场竞争力,经济效率低下。按照国际上的农业发展经验,无论是耕地资源丰富的美国、加拿大、澳大利亚,还是人均耕地资源严重不足的日本、韩国和我国台湾地区,农业的发展都走向了规模经营的生产模式。目前,我国农业人口人均耕地 0.15 公顷,按照净收入 6 000 元/公顷计算,如果只靠种地,一个农民一年的收入也就 1 000 元左右,但是如果每人拥有 1.33 公顷的耕地,农民年收入就可以达到 10 000 元左右,一个农民的家庭收入就可以达到 4~5 万元,农民就基本上获得了和城镇居民差不多的收入水平,农民就可以安心从事粮食生产。

第三章 土地承包经营权流转:不同权利主体对耕地租金的博弈

再者,党中央对种粮农民的补贴(简称种粮补贴,也称粮食直补)一般是直接发到拥有土地承包经营权的农民手里,对于推行农业规模化经营来说,这个补贴方式很明显有违种粮补贴的目的与本意。种粮补贴本意是为了鼓励农民种粮,政府以资金补助的形式来弥补工农产品价格剪刀差对农民从事粮食生产造成的影响,借以减少农民的就业损失,平衡工农收入,进而提高农民种粮的积极性。但在目前的农业补偿制度中,国家直接按照农民占用土地的数量(土地承包数量)将农业补贴发放给农民,使得农民不管种不种粮都可以享受这个补贴,不但没有起到刺激农民种粮的积极性的作用,反而是强化了农民牢牢守住农村土地不放的思想,因为只要占有土地就意味着享有一定的固定收益,使得部分无力耕种的农民宁可将耕地抛荒也不愿意放弃土地,导致农民流转土地的意愿进一步降低,在一定程度上阻碍了农村土地流转和规模化经营。另一方面,由于租地的农民(规模经营者)并不能得到农业生产补贴,使得农业补贴的政策事与愿违,并没有起到保护耕地和刺激粮食生产的作用。

总之,要提高农民的种粮积极性,提高农民从事农业生产的收入,必须减少农民数量,通过农业人口的转移,使少数农民经营一定规模的土地,提高单位劳动力占有土地的数量,提高农业劳动生产率,从而提高农民收入。如果不建立农民土地承包经营权退出机制,即使将分散农民的土地经营权进行集中,采取规模化经营,除去土地租金之后规模经营者的收益也很有限,规模经营者种粮的积极性也很难提高。

二、农民退出的可行性分析

1. 农业经营收益低,农民有离农的动力

按一般种粮净收益6 000元/公顷计算,我国农业人口人均耕地0.15公顷,每个农民每年种粮收入大概只有1 000元。而随着城镇化、工业化的发展,城市提供了大量的就业岗位,劳动力资源日益紧缺,农民外出务工收入大大提高。据国家统计局2016年发布的全国农民工监测报告,农民进城务工的收入大多都已达到了3 000元/月,农民工进城务工的年收入是务农收入的30多倍,导致大量农村劳动力流向城市,农村土地对农民基本生活的保障功能在逐步减弱,农民有离农的动力。外出农民工在不同地区务工的月收入水平如表3-2所示。

表3-2 外出农民工在不同地区务工的月收入水平

(单位:元/人)

年份	2008年	2013年	2014年	2015年	2016年
全国	1 340	2 609	2 864	3 072	3 275
东部地区	1 352	2 723	2 996	3 213	3 454
中部地区	1 275	2 534	2 761	2 918	3 132
西部地区	1 273	2 551	2 797	2 964	3 117

数据来源:国家统计局2012年全国农民工监测调查报告。

2. 生活方式逐步转变,农民有进城的意愿

由于长期在城镇务工,农民工的生活方式发生转变,他们逐渐融入城市,返乡务农意愿很低,特别是新生代农民工市民化意

愿强烈。国家统计局2012年全国农民工监测调查报告显示,我国农民工总数达到26 261万人,其中"新生代农民工"(80后)在1.5亿外出打工的农民工里面占到60%,大约1亿人。新生代农民工有如下特征:一是受教育程度较高。新生代农民工中,初中文化程度的已经占70%。二是新生代农民工逐渐丧失了从事传统农业生产的技能。这些农民工尽管在户籍上仍然归属于农民,但是他们中的多数人实际上从离开学校后就进城务工了,很少参加农业劳动,不具有农业生产的基本技能和经验。三是新生代农民工对土地的情结弱化,思想观念、生活习惯、行为方式已日趋城市化。新生代农民工代表着农民工的主流,正发生由"亦工亦农"向"全职非农"转变,由"城乡双向流动"向"融入城市"转变,由"寻求谋生"向"追求平等"转变。从另一方面来说,新生代农民往往是对农地地租需求较低的那部分青壮年劳动力,农地对他们的生活保障能力减弱,他们对农地的依赖性较弱,退出农村土地承包经营权的意愿较高(徐峰等,2008)。这部分农民应该成为土地承包经营权退出优先考虑的对象。

三、农民退出的模式构建

鼓励农民退出土地承包经营权,转移给规模经营者耕种。政府对有离农意愿的农民给予离农补贴和政策支持。一方面,政府鼓励农民退出农村土地承包经营权,离开农业生产,并给离农农民一定的经济补偿,减轻农村人多地少的压力,解除土地对农民的束缚。另一方面,将农民退出的土地直接提供给规模经营者,使规模经营者享有完整的土地权益,实现"耕者有其田",减轻规模经营者的经营压力,使规模经营者靠自主经营实现增收,进而达到和从事第二、第三产业无差别的收入,提高规模经营者的耕作积极性,解决政府长久持续补贴的压力,建立农业可持续发展长效机制。农民土地承包经营权退出模式框架如图3-4所示。

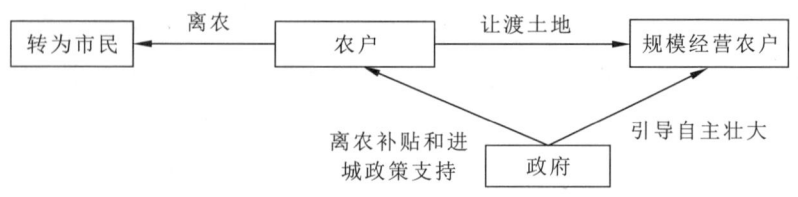

图3-4　农民土地承包经营权退出模式框架

在农民退出的程序上,要建立多方协作机制。首先,在农民退出土地的资金补偿方面,采取政府补贴一部分、集体经济组织筹集一部分的方式,政府给予退出土地的农民发放离农补贴,集体经济组织要给退出土地的农民一定的土地退出补偿,激励农民退出土地的积极性。其次,要逐步实行农村土地承包经营权有偿使用制度,将农民退出的土地有偿转让给种田大户或规模经营农户使用,以弥补集体经济组织所支付的农民退出土地成本。最后,政府要在资金贷款上给集体经济组织和规模经营农户予以扶持和优惠。给集体经济组织以贷款支持,保证集体经济组织能顺利接收农民退出的土地,促进土地的有效退出;给规模经营农户以贷款支持,扶持种植大户、家庭农场等规模化经营主体的形成,实现土地的流转和高效利用。此外,要借助国外在农民退出方面的成功经验,积极引导和培育农民协会等非盈利性质的农民中介组织,充分发挥农民组织的力量,来统一进行农民退出土地的收购和流转,为农民退出、土地流转、土地规模化经营等提供帮助和服务。农民退出土地的流动模式如图3-5所示。

第三章 土地承包经营权流转：不同权利主体对耕地租金的博弈

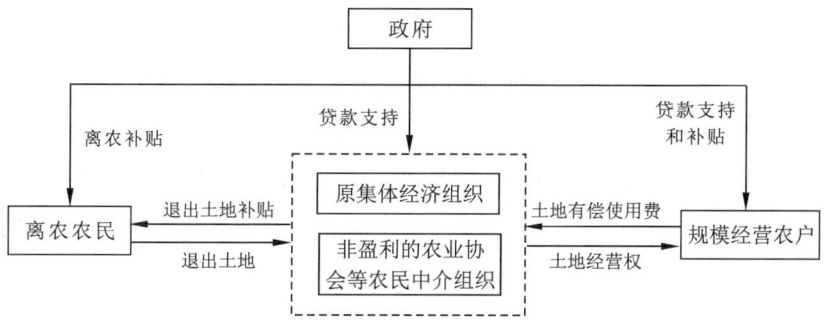

图3-5 农民退出土地的流动模式

第五节 促进农民退出的保障措施

一、建立农民协会等中介组织，促进土地流转

世界上农业发达国家都建立了农民自己的组织——农民协会(薛红霞,2012)。农民协会不仅促进了农民的相互合作,也成为了农村土地流转过程中最重要的媒介,加快了土地流转的速度,提高了流转的效率,为农民参与土地流转提供了有效的支持和保障。因此,我们要借鉴国外的先进经验,建立农民协会等非盈利的农民中介组织,为农民土地流转、土地经营等提供帮助和服务。

扶持和发展各种农业协作组织,扩大土地作业规模。通过经营委托(任贤斌等,2011)、作业委托、参加合作农业组织等多种方式,促进大面积土地集中连片经营,采用先进技术设备,提高土地经营的规模效益。

二、加大对规模经营者的扶持,培养自耕农

为了促进耕地流转,要借鉴英国、法国、日本和我国台湾地区等国家和地区的经验,加大对规模经营者的扶持,对规模经营者承包土地给予资金补贴,并在贷款、税收等方面给予优惠。建立非盈利性质的农业协会或农业收购机构,统一收购小面积、分散的耕地,然后再以优惠的价格卖或租给规模经营农户,促进农业的规模经营。

借鉴英国在农业补贴方面的经验,改变我国目前的农业补贴模式,由按拥有的土地承包经营权面积进行补偿,改为按粮食种植面积或粮食产量进行补偿,直接补偿给种粮者。将农业补贴直接补偿给种粮农民,一方面可以刺激农民积极从事粮食生产,另一方面改变拥有土地承包经营权即使不从事粮食生产也可以享受补贴的政策弊端,消除农民对土地承包经营权的依赖,促使农民退出土地。

另外,由于公司以追逐利益为主的经营性质,公司进入农业生产会导致非粮化问题,因此,为了保障粮食安全,要限制公司介入土地的规模经营,培养自耕农,使以家庭劳动力生产为主的自耕农成为农业经营的主体。

三、改变农民传统观念,鼓励农民自愿离农

农民退出农村土地要充分尊重农民意愿,不能强制实施。中国农民乡土观念浓厚,往往离土不弃土,甚至已经在城镇定居的人也不愿放弃自己的土地,终其原因是农村社会保障不尽完善和城乡二元户籍制度的掣肘。要使农民顺利转移,政府必须要为离农农民提供完善的就业(严燕等,2012;潘啸,2008)、城镇住房、户

籍、社会保障等优惠政策(许恒周等,2007;2012),让农民离农后能享受到与城镇居民同等的社会待遇,逐渐改变农民的传统观念(钟涨宝等,2012),让农民真正能体会到离农给自己生活带来的变化和好处,靠制度来吸引农民离农,让农民自主选择是否离农(王建友,2011;唐景明,2013)。

在制度建设的初期阶段,可以优先实现部分 80 后新生代劳动力的退出,因为这部分农民实际上已经逐步融入城镇,对农村土地的依附性较低,转化为城镇市民的意愿较强。

四、多渠道筹措离农补贴资金,鼓励农村剩余劳动力离农

城市的生活、就业、居住、交通等成本远远高于农村,农民离农进入城市生活和就业,生活成本大大增加。政府鼓励农民离农的同时,要加大对离农农民的补贴,建立离农补贴专项资金,确保农民向城镇居民转化的良性发展。由于我国农民数量较大,在资金筹集的过程中,为解决政府补贴的资金压力,可以采取土地承包经营权换社保、换城镇住房、换国有企业股份、换政府债券等多种补偿形式。

在农民退出的补偿资金筹措方面,建议由政府和农民集体共同分担。集体将农民退出的土地收回后,可以有偿转让给其他村民耕种,或者集中流转给农业规模经营者使用,获取一定的土地流转收益,将流转收益的一部分拿来补贴给退出土地的农民;政府则主要通过给退出土地的农民发放离农补贴、进行政策性贷款,对离农农民在城市落户、购房、享受城镇医疗、教育等社会保障方面给予支持,引导农民退出土地。

五、进行户籍制度改革,顺利实现退出农民的转移

国家统计局统计,2013年我国人户分离人口达到了2.89亿人,其中流动人口为2.45亿人,由于户籍的限制,这部分人无法在城镇落户,无法享受城镇户口所提供的住房、医疗、就业、子女教育等公共福利产品,且这部分流动人口长期往返于城乡之间,交通成本、就业成本增加。城乡二元结构的户籍制度,阻碍了城镇化的健康发展,加剧了城乡分裂。为实现退出农民的顺利转移,要加快推动户籍制度改革,不断降低大型城市的落户门槛,逐步放开中小城镇的落户条件,使进城务工农民能够根据自身需要落户城镇,能真正融入城市。同时,要逐步消除户籍制度所承载的公共医疗、公共教育和公共文化等社会公共福利产品的差别,使农民和城镇居民享有同等的权益。

六、推进社会保障制度改革,提高农民保障水平

一是合并城乡社保制度。目前城镇与农村社会保障水平差距较大,国家社保基金的供给严重向城市倾斜,占人口总数35%的城市人口得到近80%的社保基金,占中国劳动力绝大多数的农民工、乡镇企业工人和农民却几乎与社会保障制度无缘。在养老保障方面,中国老龄研究中心对全国城乡老年人口抽样调查的数据显示,城市老年人的养老保险覆盖率达到70%以上,而农村老年人的覆盖率不到4%。因此,要加大对农村人口和农民工的社会保障补贴,逐步提高农村人口的社会保障水平,逐步实现城乡社会保障并轨。

二是建立社会保障的流动机制。因为农民工在企业和区域之间流动频繁,必然涉及社保异地转移接续问题。据统计,我国

流动人口达 2.45 亿,每到年底农民工返乡高峰期,农民工的辞职率高达 30%,此前"一年累计 3 800 万人中断缴纳养老保险"的新闻曾引起人们的关注。当前社会保险制度便携性不够、转移接续难,特别是跨省转移困难,容易造成"断保",不仅个人账户的钱无法使用,成为"坏账",而且未来养老金的领取、养老保险待遇的享受都成问题。如此一来,社会保险不仅不能成为农民工的"安全网",反而成为对农民工群体的剥夺。因此,要建立社保的流动机制,建立全国统一的社会保障管理网络,实现"保随人走",使社会保障能够顺利实现跨区域、跨省流通。

第六节 小 结

随着我国城市化和工业化全面推进,大量农村劳动力不断转移到城市和非农产业,农民对耕地的依赖逐渐降低。加上农业耕作技术和机械化的发展,农业经营对劳动力的需求大大减少。在此背景下,土地流转是一种必然的选择,农地规模化经营是我国农业发展的必然趋势。

不同的农村劳动力类型对土地租金的需求不同。青壮年劳动力进城务工可以获得更高的收入(3 000 元/月左右),相比外出务工从事农业经营(1 000 元/年)的机会成本较高,他们对农地的依赖性较低,对租金的需求较低(大于零即可);留守农村劳动力主要靠农业经营维持生计,出租土地之后劳动力就会闲置,流转土地的机会成本较高,他们对租金的需求较高(经营收入+劳动力成本),由此就形成了截然不同的租金需求差别化曲线。由于留守劳动力对土地租金的需求较高,他们又掌握着大部分农地经营权,进而导致了土地规模化租金水平的整体提高。土地规模经营者所承担的土地租金较高,他们的收益大多流向了分散的土地承包经营权人,规模经营者收益无法提高,但政府对规模经营的政策补贴又维持了这种不健康的租赁关系。由于规模经营者依靠种粮收益有限,进而引发了部分规模经营者骗取国家农业补贴、农地非粮化经营等问题现象的出现,农村土地规模经营的持续发展堪忧。

因此,建立农民土地承包经营权退出机制,是适应历史发展的需要,是推进农业规模化经营的前提和基础,是实现城乡统筹发展的必要手段。从社会经济发展的趋势看,城镇化、工业化的发展创造了大量的就业机会,城镇具有吸纳大量农民进入城镇的能力;从比较收益来看,农民进城务工能获得远高于种粮的收入,农民有离农进城的动力;从城乡就业机会、社会保障、生活环境等方面考虑,农民也有进入城镇的意愿,特别是"新生代"农民进城的意愿较为强烈。因此,必须建立农民土地承包经营权退出机制,即政府鼓励农民退出土地承包经营权,对退出的农民进行离农补贴和政策支持,将退出的土地转移给规模经营者,使规模经营者靠自主经营实现增收,进而达到和从事第二、第三产业无差别的收入水平,缓解政府对土地规模经营长久持续补贴的压力,建立农业可持续发展长效机制。同时,不同劳动力类型对土地的不同依赖程度和对土地租金的不同需求,为实现农民退出提供了突破口,即优先进行"新生代"农民工的退出和转移。

第四章 集体建设用地流转：不同权利主体对土地非农化的利益诉求

按照现行的法律规定，集体建设用地不能进行经营性开发建设，不能对外流转，但社会经济发展的实践表明，禁止农村集体建设用地流转的硬性规定并没有明显奏效，反而导致了式样繁多的隐形交易普遍存在。城市化的发展、工业化的推进、市场化经济的蔓延，使得农村集体建设用地直接入市流转的趋势势不可挡。农村集体建设用地流转，一方面缓解了城市化和工业化发展用地需求的矛盾，另一方面带来了不同权利主体对土地增值收益的再分配。农村集体建设用地流转从本质上而言是福利的再分配，土地流转收益分配是否合理，既体现了土地资源配置是否做到代内公平，又借助信息反馈机制影响资源配置中市场机制的发挥和资源配置的效率（刘元胜，2012）。因而，探索集体建设用地流转收益分配的机制，对于促进农村集体建设用地流转十分必要。

第一节 集体建设用地流转改革的实践及意义

随着城镇化的迅速发展，我国城镇土地资源供需矛盾日益突出，农村土地价值逐渐显现，特别是在城郊地带，大量农村土地已经转为建设用地，私下交易普遍，农村集体建设用地入市的趋势已经不可阻挡。允许集体建设用地入市,并赋予集体建设用地与国有建设用地同等权益是今后农村土地改革的必由之路。近年来,为了推进农村集体建设用地流转,我国先后在广东、浙江、成都、海南等地进行了农村集体建设用地流转试点,各地试点模式不同,实现的意义不同,积累了一定的实践经验。

一、农村集体建设用地流转的实践经验

1. 城乡建设用地增减挂钩

1)传统城乡建设用地增减挂钩

城乡建设用地增减挂钩是指依据土地利用总体规划,将若干拟整理复垦为耕地的农村建设用地地块(即拆旧地块)和拟用于城镇建设的地块(即建新地块)等面积共同组成建新拆旧项目区,通过建新拆旧和土地整理复垦等措施,在保证项目区内各类土地面积平衡的基础上,最终实现建设用地总量不增加,耕地面积不减少、质量不降低,城乡用地布局更合理的目标。采取城乡建设用地增减挂钩的方式,实质就是将农村集体的建设用地指标让渡给城镇建设发展,是农村集体土地发展权的转移,它是在我国实行严格的耕地保护制度、严格控制建设用地增长的政策背景下产生的。我国在土地管理中通过土地利用总体规划和年度新增建设用地计划,严格控制建设用地扩张,严格限制建设用地总规模的增长。在这种背景下,一些地区为了提高农村集体建设用地利用效率,为城镇发展腾退建设空间,创新地提出了城乡建设用地增减挂钩的模式。

城乡建设用地增减挂钩政策自 2004 年《国务院关于深化改革严格土地管理的决定》(国发〔2004〕28 号)发布之后,迅速在全国展开。2013 年,国土资源部共批准全国 29 个省份开展增减挂钩

第四章 集体建设用地流转：不同权利主体对土地非农化的利益诉求

试点，总计安排城乡建设用地增减挂钩指标6万公顷。

城乡建设用地增减挂钩的可贵之处在于：一是大大提高了农村集体建设用地的节约集约利用水平，提高了土地利用效率。据调研统计，实施增减挂钩平均可节约用地50%左右，解决农村建设用地浪费问题。二是为城市提供发展空间的同时，有效保护了耕地。由于我国人多地少的基本国情，随着城市化和工业化的发展，城市扩展和保护耕地的矛盾比较突出，城市建设用地越来越稀缺，保护耕地的压力越来越大。通过城乡建设用地增减挂钩，将农村闲置的集体建设用地复垦为耕地，然后通过指标的转移，在建设用地总量不增加的前提下，有效满足了城市化建设的用地需求，为城市腾退了发展空间，减轻了城市发展对耕地保护的压力。三是使原先无法流动的集体建设用地流动起来，实现了农村集体建设用地的资产化。按照现行法律，农村集体建设用地不能流转，集体建设用地的价值就无法显现。城乡建设用地增减挂钩使集体建设用地通过指标交易分享了城市建设土地出让收益，实现了农村集体建设用地资产化，激活了农村土地市场，使固化的土地资源转化为可以流动的资本。

同时，城乡建设用地增减挂钩也存在以下问题：一是带有明显的强制性。通过城乡建设用地增减挂钩，政府可以增加城镇建设用地指标，为城镇发展提供用地保障，这也是城乡建设用地增减挂钩政策设计的初衷，因此在实践中，政府参与的积极性较高。同时，政府可以在国家配置的年度新增建设用地指标之外，依靠城乡建设用地增减挂钩额外增减城镇建设用地的供应，使政府通过土地出让获得更多的土地财政收入，这是政府积极运作的直接动力。由于城乡建设用地增减挂钩获利方主要在政府，政策实施中带有浓厚的行政色彩，政府的主导性和强制性明显，在多数情况下，为节省出更多的建设用地指标，农民被迫上楼，农民的选择权有限。二是农民获得的土地增值收益有限。除去必要的土地复垦、村民新居建设之外的土地增值收益一般归政府所占有，农民获得的土地增值收益分配比例较低。根据各地土地出让价格及房屋建造成本不同，政府付出的城乡增减挂钩成本和获得的土地增值收益亦有所差别。根据国土资源部对江苏省镇江市城乡建设用地增减挂钩的调查，政府获得建设用地指标的价格约为450万元/公顷，土地出让价格可达4 500万元/公顷；根据国家发改委城市和小城镇改革发展中心发展改革试点处对浙江省嘉善县姚庄城乡建设用地增减挂钩的调查，政府获得集体建设用地指标需要投入资金855万元/公顷，建新区落地的土地征收成本约为270万元/公顷，商业用地的出让价格约为3 000万元/公顷；根据周其仁(2010)对成都郫县唐元镇城乡建设用地增减挂钩的调查，政府获得集体建设用地指标需要投入资金为300万元/公顷，建新区落地的土地征收成本约为600万元/公顷，土地出让价格为6 300万元/公顷，虽然通过城乡建设用地增减挂钩，农民的土地收益比通过土地征收补偿的方式稍高（一般不超过150万元/公顷），但农民获得的土地增值收益仍然有限，提供建设用地指标的农民共从城市土地增值收益中分享到300万元/公顷的收入，仅相当于城市土地收益的5%，农民的土地权益并未得到充分维护。因此，有学者认为，现行的城乡建设用地增减挂钩，实质上是抽肥补瘦，只是把本属于拥有区位优势的城市周边土地所有者的土地级差地租部分转移给偏远地区土地的所有者，另外的大部分级差地租则转入政府手中，这显然违背马克思的级差地租理论（蔡继明，2010），也违背了国务院以及国土资源部"使用增减挂钩指标的土地出让净收益要及时全部返还用于改善农民生活条件和支持农村集体发展生产"的要求(顾惠芳等,2012)。三是农民对土地增值收益的使用没有决策权。城乡建设用地增减挂钩一般的操作模式就是农民将旧宅复垦为耕地,政府为农民提供新建的安置住房,使农民集中居住,以减少农民居住占地面积。通过城乡建设用地增减挂钩,农民获得土地增值收益的方式就是旧房换新房,农民对土地增值收益的使用安排没有决策权,获得的只是居住条件的变化,就业与生活方式仍然没有改变。

2)"地票"交易

"地票"制度以重庆和成都为试点代表。所谓"地票",就是将闲置的农民宅基地及其附属设施用地、乡镇企业用地、农村公益公共设施用地等农村建设用地复垦为耕地而产生的建设用地指标。"指标"产生后,以票据的形式进入农村土地交易所在全市范围内进行公开拍卖,价高者得,通过"地票"交易,将建设用地指标转让给有建设用地需求的对象。

从本质上讲,地票制度只是城乡建设用地增减挂钩试点政策的一个升级版本,只是将农村集体建设用地复垦节约出来的指标由原来的定向使用变为了非定向使用,允许指标的自由交易(董晓方等,2012)。因此,地票比城乡建设用地增减挂钩更具优越性,主要体现在以下四个方面:一是建立了城市反哺农村的市场化机制。地票产生的过程中政府的干涉较少,集体建设用地的复垦可以由农村集体经济组织自主完成,也可以与企业合作完成,产生的指标直接拿到农村土地市场上进行公开交易,指标的产生和价格的形成都是在市场机制下实现的,建立了城市反哺农村的市场化机制,对建立盘活农村集体建设用地、保障城镇发展用地、保护耕地的统筹发展机制具有重要意义。二是在市场化机制下农民获得的收益较高。由于地票交易采取市场机制,通过农村土地产权交易所在全市范围内公开进行拍卖,交易信息渠道通畅,具有市场竞争,交易价格明显提高。成都市地票交易价格已经由早期的180万元/公顷左右达到了目前的450万元/公顷左右,重庆市地票交易价格已经由早期的150万元/公顷左右达到了目前的300万元/公顷左右。三是加大了对偏远、落后地区农民的反哺力度。通过地票交易,实现了农村建设用地远距离、大范围置换,有效调剂了中心地区与偏远地区、发达地区与落后地区的建设用地空间分布,促进了土地集约利用和优化配置。据统计,2008—2013年间,重庆已累计完成地票交易7 893.33公顷,成交价格237.5亿元,而有2/3的地票来源于渝东南和渝东北的贫困山区,相当于这些地区以地票交易方式分享到了重庆城镇化、工业化发展带来的土地增值收益。四是农民对土地增值收益的使用拥有了决策权。比如在重庆,地票交易获得的资金,扣除复垦建设成本之后,在农村集体与村民之间按照85∶15的比例进行分配,对于获得的收益农民可以自主决策。

同时,地票制度在土地增值收益分配方面也存在以下问题:地票制度忽视了由于土地区位导致的土地级差地租差异。根据地票的运行规则,不管是位于什么位置的农村集体建设用地,只要是复垦为耕地后形成地票,那么在价值上就没有区别,拿到交易市场之后都是按照指标的面积进行交易,指标来源土地的级差地租无法体现。这种模式下,对于偏远、落后地区的农村来说肯定是比较合算的,这也是在重庆有2/3的地票都来源于渝东南和渝东北的贫困山区的主要原因。对于城市郊区或经济发达地区的农村来说,进行地票交易的动力就不足,因为在这些地区,如果农民利用集体建设用地自主进行开发建设或将建设用地直接流转,则可以获得更大的收益。

2. 土地置换/发展权补偿

因为土地位置不同，所以其使用价格也不同，从而产生级差地租。土地置换是指将不同区位的土地权益进行置换，并对级差地租进行补偿的一种交易模式。土地置换一般在国有建设用地与国有建设用地或国有建设用地与国有农用地之间展开，不涉及土地所有权的转变。海南陵水县港尾村对这一模式进行创新，在集体建设用地与国有建设用地之间进行了土地置换，并对农民进行了级差地租的补偿。

港尾村原是陵水县光坡镇一个偏僻落后的小村庄，该村位于香水湾开发区腹地。港尾村居民104户，人口414人，集体建设用地(宅基地)6.8公顷，属于一线海景资源。

为了推进香水湾开发建设的同时又不损害农民的权益，陵水县政府扶持港尾村将位于海岸一线的旧村6.8公顷土地，与二线具有居住比较优势的同等面积的国有存量建设用地进行置换，把港尾村从原址整体搬迁出来，重新规划建设新村，旧村土地通过市场"招拍挂"出让，所得级差土地收益全部用于新村建设和发展村集体经济。

新村建好后，按照家庭人口数量，每个家庭都将分别获得86平方米二居、124平方米三居、152平方米、190平方米四居、228平方米、266平方米五居等不同户型的住房，配套建设敬老院、文化体育活动中心、卫生院、农家书屋等公共设施。经置换后的新村占地面积比原村子还大，占地6.93公顷。新村划分为三大功能区：村民休闲活动广场、民俗商业街区和住宅居住区。广场配备有村民休闲馆等公共配套设施，是小区居民进行体育活动、休闲娱乐的重要场所。街区主要由海南情调茶饮、风情酒吧、特色风味小吃、黎族民俗商品等商业铺面构成，是村民进行生产经营的新场所。村民原有的地照常耕种,每人每年还可从村集体商铺经营收入中分得5 000元红利。"新村建设不但解决了村民的住房问题,而且还能为村民增添致富门路",村民可以通过发展特色餐饮,经营农家乐、小店铺等获得持续经营收入。

陵水县港尾村进行集体建设用地置换,它的积极意义在于发现了集体建设用地的发展权价值,港尾村的实践实际上是对农村土地发展权的置换和补偿。港尾村原有6.8公顷农村宅基地位于一线海景,土地市场价值较高,但由于我国城乡二元土地政策的约束,这6.8公顷集体建设用地并不能实现顺利入市,不能像国有建设用地一样公开出让,不能进行经营性开发建设,这实际上是集体建设用地发展权的缺失。由于土地发展权的缺失,土地的价值就不能显现。政府用一块规划区外的国有存量建设用地与农民置换后,农民原有的集体建设用地就转化为了国有建设用地,就可以顺利上市交易,土地的价值就得到显现。土地还是那块土地,位置没变,只是用途发生变更就产生了巨大的增值收益,这个由规划用途改变而产生的增值收益就是土地发展权。该块土地的增值收益全部返还农村集体经济组织,其实是对农村土地发展权的补偿,是维护农民土地权益、维护农村土地发展权的重要体现。

3.集体建设用地使用权直接流转

集体建设用地流转,是指集体建设用地在符合规划和用途管制的前提下,允许农村集体经营性建设用地出让、租赁、入股,实行与国有土地同等入市流转、同权同价。近年来,国土资源部在安徽芜湖、江苏苏州、广东南海、四川成都、海南三亚等地进行了试点,许多地方也相继出台了探索性的政策,取得了显著成效。

1)陵水县大墩村集体建设用地出让:城市规划区内的探索

第四章 集体建设用地流转:不同权利主体对土地非农化的利益诉求

大墩村位于陵水县黎安镇,位于"海南陵水海滨风景名胜区智慧城市控制性详细规划"的东南角,全村共有四个经济社、八个村民小组,全村人口 3 480 人,农户 887 户,村庄集体建设用地 58.53 公顷,人均建设用地 168 平方米,户均建设用地 660 平方米,远远超过国家规定标准。现有村民居住的民居以独门独户的低矮简易结构住房为主,排序杂乱无章、人畜混住、村道狭小,污水随地排放,村容村貌属于典型的脏、乱、差。2010 年,大墩村在县委县政府的帮助下,进行农村集体建设用地流转的实践。

根据"陵水黎族自治县黎安镇大墩村旧村改造修建性详细规划"确定的建设内容和标准,大墩村 58.33 公顷集体村庄建设用地进行整合后,用于社会主义新农村建设的村庄建设用地 32.60 公顷亩,规划户均占地面积 175 平方米,户均建筑面积 238 平方米,人均居住面积 38 平方米,人均商业面积约 8 平方米,配套建设敬老院、文化体育活动中心、卫生院等公共设施,节约出来集体建设用地 25.93 公顷。

然后,大墩村将 25.93 公顷土地直接以拍卖方式进行公开出让,得到 6.1642 亿元的收入,所有土地出让收益政府一分钱不取,全部用于大墩新村建设及村集体经济发展。大墩村集体建设用地土地出让收益达 2 376.90 万元/公顷,是当时大墩村所在黎安镇土地征收补偿标准的 33 倍。集体建设用地出让后,利用土地出让收益,大墩村兴建了 987 栋 3 层新村公寓,每户面积为 250 多平方米,而且家具、庭院绿化等一应俱全,村民免费入住。此外,大墩新村还建设了 4 幢公寓式酒店,240 间临街铺面,以及文化广场、养老院、幼儿园、卫生院、农贸市场等公共基础设施和商业经营场所。村民通过宅基地退出,改善了居住条件,修建了完善的公共服务设施,获得了公寓式酒店、临街铺面等资产,获得了巨大收益,确保了农民长期发展有保障。

陵水县大墩村的实践,开创了城市规划区内集体建设用地直接出让的先河,改变了规划区内土地必须先征收为国有才能进行出让的模式,通过集体建设用地直接入市流转,使规划区内的农民集体建设用地享有了与国有土地同样入市流转的权利,它让农民直接分享了土地级差收益,使农民的土地权利主体地位得到充分体现。

2) 三亚市力村农村集体建设用地出让:城市规划区外的探索

力村村民小组是一个自然村,隶属于天涯镇文门村委会,距离三亚市政府30千米。力村村民小组共有村民54户,297人,集体建设用地4.27公顷。

为了支持力村的发展,三亚市政府安排了20公顷新增建设用地指标给力村使用,连同将原有农村宅基地整治腾退的集体建设用地,可以进行经营性开发建设使用。对于新增的20公顷建设用地,三亚市改变了以往必须征收为国家所有的征地模式,采取不改变集体所有权性质,不办理土地征收,直接办理农转用手续的方式,并赋予农村集体土地与国有土地同等的土地权益,允许集体建设用地用于商业、旅游业、服务业等经营性用途,赋予了农村集体土地完整的土地权能,充分维护了农村土地集体所有的土地权利主体地位。这样,力村原有集体建设用地4.27公顷,加上新增建设用地20公顷,合计建设用地规模24.27公顷。按照《三亚天涯力村综合示范区控制性详细规划》,1.72公顷集体建设用地用作村民宅基地,0.88公顷用于集体所有的产权酒店,其余21.67公顷作为经营性建设用地用于旅游开发。

2013年5月,在政府的指导下,力村委托土地评估公司对力村拟出让的21.67公顷集体经营性建设用地进行了评估,最终土地评估总价为 2.49 亿元。评估结果在天涯力村集体建设用地价格评估结果评审会上通过了力村村民小组代表、土地价格评估相关专家、三亚市政府相关单位代表的确认,并将评估结果在力村村民小组进行了公示。随后,力村将 21.67 公顷集体建设用地进行出让,并签订了《集体建设用地使用权流转合同》。出让总价达 2.49 亿元,合 1 154.25 万元/公顷,远远高于天涯镇土地征收补偿价格 124.50 万元/公顷(根据三亚市征地统一年产值标准,天涯镇征地补偿费为 124.50 万元/公顷),土地出让价格达到土地征收补偿费用的近 10 倍,集体建设用地的市场价值得到充分显现。

力村集体建设用地出让收益采取以下方式进行分配:先扣除企业为农户新建安置房费用(精装修)、各类拆迁补偿现金、青苗补偿、置换给村民的产权酒店、山水黎乡风情园等各类村集体经营性物业与设施的投资、新增建设用地有偿使用费、报批及相关税费等费用后,剩余土地流转收益(土地出让金)的 20% 部分上缴市政府,其余 80% 归集体经济组织所有并纳入集体财产实行"三资代理"依法使用,主要用于农村产业发展和基础服务设施建设等。力村集体建设用地流转收益分配模式中兼顾了政府、集体和农民之间的利益,并凸显了农民的土地权利主体地位。

三亚市力村集体建设用地出让是城市规划区外集体建设用地的直接流转入市,实现了城乡建设用地"同地、同权、同价",显化了集体土地资产的市场价值,并建立了比较合理的集体建设用地出让收益分配机制,兼顾了政府、集体和农民之间的利益。

二、不同模式下集体建设用地流转的意义分析

1. 城乡建设用地增减挂钩:改变了土地收益分配格局

通过对城乡建设用地增减挂钩、集体建设用地直接流转的比

较,给我们的直观感受是集体建设用地直接流转,农民得到的土地增值收益远大于城乡建设用地增减挂钩,所以通过城乡建设用地增减挂钩,农民得到的收益大大减少,农村集体建设用地的市场价值没有被充分显现。

可事实并非如此,因为上述比较忽略了土地的区位条件,不同的区位条件下,建设用地的价值大大不同,忽略了区位条件的差异,集体建设用地的价格没有可比较性。实际上,城乡建设用地增减挂钩不但没有减少农民的土地增值收益,相反,在一定程度还促进了偏远地区集体建设用地价值的提升,改变了土地增值收益分配的格局。

根据区位地租理论,建设用地的区位距离商业中心越近,土地的价值就越高,反之,距离商业中心越远,土地的价值就越低。对于土地的产权主体来说,所获得的收益也遵循上述规律,土地距离商业中心的距离(S)越近,土地的权利人得到的土地增值收益(P)就越高,反之就越低。根据区位地租理论,土地权利人的收益曲线(R)如图4-1所示。

各地集体建设用地流转的实践,进一步证明了上述理论。比如:三亚市月川居委会为城中村,距离市中心较近,土地价格达到1 845.00万元/公顷,而距离三亚市市中心30千米的力村村民小组土地出让价格为1 154.25万元/公顷。成都市按照距离市中心的远近,按照半小时、一小时、两小时的交通半径,将下辖的九区、四市、六县划分了三大经济圈层,根据成都市农村产权交易所的统计数据,对于集体建设用地流转价格来说,无论是从最高价、最低价还是平均价,都按第一圈层、第二圈层、第三圈层呈明显的递减趋势,集体建设用地流转的最高价格由1 950.00万元/公顷逐步递减为663.00万元/公顷,最低价格由1 200.00万元/公顷逐

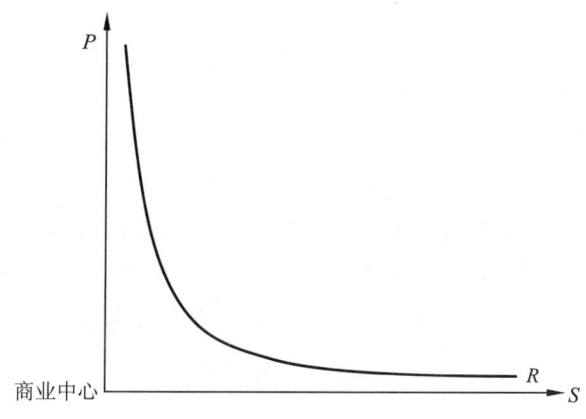

图4-1　土地价格随距离的衰减曲线

步递减为 126.00 万元/公顷,平均价格由 1 275.00 万元/公顷逐步递减为 279.45 万元/公顷(刘元胜,2012)(表4-1)。

表4-1　成都市农村集体建设用地流转价格圈层分布特征

(单位:万元/公顷)

圈层 \ 价格	集体建设用地流转价格		
	最高价	最低价	平均价
第一圈层	1 950.00	1 200.00	1 275.00
第二圈层	753.45	147.00	483.45
第三圈层	663.00	126.00	279.45

但是城乡建设用地增减挂钩的出现,改变了上述土地收益分配的格局。比如在成都市,通过城乡建设用地增减挂钩,较远区位的集体建设用地分享了距离商业中心最近的土地增值收益,使

得第三圈层的土地价值由平均 279.45 万元/公顷提高到了 450.00 万元/公顷,土地收益提高了 170.55 万元/公顷。

通过城乡建设用地增减挂钩,距离商业中心较远的土地分享了距离商业中心较近(S)土地的增值收益(P),进而导致土地的增值收益分配曲线出现了偏移,由曲线 R 偏向了 R',即对于土地权利主体而言,距离商业中心最近的土地增值收益降低了,而同时距离商业中心较远地区的土地增值收益提高了。通过城乡建设用地增减挂钩,使土地的收益曲线变得较为平缓,缩小了由距离导致的城乡建设用地增值收益分配差距(图 4-2)。

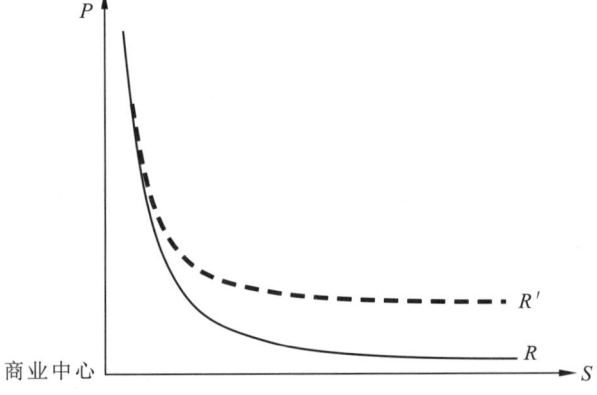

图 4-2 城乡建设用地增减挂钩驱动下的土地增值收益分配曲线

2. 集体建设用地直接入市:显现了农村土地市场价值

通过集体建设用地直接入市流转,允许农村集体经营性建设用地以出让、租赁、入股等多种形式参与经营性开发建设,实行与国有土地同等入市流转,使得集体建设用地的市场价值得到充分显现。据调查,成都集体建设用地出让价格在 600~800 万元/公顷(唐健等,2013),海南省陵水县大墩村集体建设用地出让价格达到2 370万元/公顷,三亚市力村土地出让价格达到1 154.25万元/公顷。

特别是三亚市在集体建设用地流转过程中,按照国有建设用地的评估方法对集体建设用地进行了价格评估,显化了集体土地资产的市场价值,实现了城乡建设用地"同地、同权、同价",集体建设用地出让后参照国有土地出让程序签订了《集体土地出让合同》,实现了"两种产权,一个市场"。

根据现行的法律法规,农村集体建设用地只能自用,只能供村民用来建设自用住宅,或者供农村集体创办乡镇企业等,不能搞经营性开发建设,不能对外流转,集体建设用地的流转受到极大的限制。农村集体建设用地除了供村民自用外,没有市场价值,农民不能依靠集体建设用地获得市场收益,集体建设用地的市场价值不能得到显现,进而导致了农村集体建设用地大量闲置浪费。

集体建设用地直接流转入市的改革,显现了农村集体建设用地的价值,提高了农民财产性收入。同时,将大大提高农村集体建设用地的使用效率,促进集体建设用地的节约集约利用,盘活农村集体建设用地,又可以大大缓解城市建设用地不足、发展空间受限的矛盾,为社会经济发展提供必要的建设用地保障。

3.规划区内集体建设用地流转:农民分享了城市发展红利

现行的《土地管理法》规定:"任何单位和个人进行建设,需要使用土地的,必须依法申请使用国有土地",这意味着农村土地只有通过征收转为国家所有之后才能进入建设用地一级市场。而对农民土地的征收补偿方面,现行法律规定按照原用途进行补偿,且补偿价格不超过前三年平均产值的30倍,土地征收补偿价格普遍较低,比如:根据最新《海南省征地统一年产值标准》,海南省征地统一年产值最高的海口市和三亚市最高征地区片价分别为 137.25 万元/公顷和 135.60 万元/公顷,白沙县最高为 61.65 万元/公顷,最低仅为 38.40 万元/公顷。这种土地市场的高度垄断性决定了农用地征收价格较低而建设用地供应价格相对较高,致使在农用地非农化过程中产生了较大的增值。据调查,2013 年海口市国有建设用地出让价格最高已达 12 000 万元/公顷以上,三亚市土地出让单价最高已经超过 15 000 万元/公顷,国家将农民土地进行征收后获得的增值收益已经高达几十甚至上百倍,但农民与增值收益的分配无缘,农民土地的增值收益被国家占有。

大墩村将位于城市规划区内的 5 835 公顷集体建设用地直接以拍卖方式进行公开出让,得到 6.16 亿元的土地出让收益,集体建设用地出让价格合计 2 376.90 万元/公顷,是当时大墩村所在黎安镇土地征收补偿标准(4.82 万元/公顷)的 33 倍。陵水县大墩村的实践,开创了城市规划区内集体建设用地直接出让的先河,改变了规划区内土地必须先征收为国有才能进行出让的模式,通过集体建设用地直接入市流转,使规划区内的农民集体建设用地享有了与国有土地同样入市流转的权利,它让农民直接分享了土地级差收益,使农民的土地权利主体地位得到充分体现。

第二节 集体建设用地流转的机制构建

一、集体经营性建设用地的来源

目前,我国农村集体建设用地主要是农村宅基地。农村集体经营性建设用地是十八届三中全会提出的新概念,法律中并没有明确表述,农村宅基地与农村集体经营性建设用地之间尚无明确的界定,农村集体经营建设用地的概念和来源不明。而现有农村宅基地分散、零碎,直接开发利用的难度较大,况且直接开发利用和流转也存在一定的风险,一旦出现问题就会使农民流离失所,无立足之地,这也是诸多学者反对将农村宅基地入市的主要原因。但是,如果将现有农村宅基地进行统一整治,整治后根据规划划定村民居住区和经营性开发利用区,使农村宅基地与经营性开发用地分开,就可以有效实现部分农村宅基地向农村集体经营性建设用地之间的转化,进而为农村集体经营性建设用地提供来源。

通过农村居民点整治,将节约的建设用地通过统一规划,规划为集体经营性建设用地,然后再进行入市流转,就顺利实现了农村宅基地向集体经营性建设用地的转换。该做法具有四个优点:一是不新增集体建设用地,不会对耕地保护造成威胁;二是划清了农村宅基地与集体经营性建设用地之间的界限,在集体建设用地流转中,不会对农民的住所造成威胁,减少了社会不稳定因素;三是促进了集体建设用地的节约集约利用,盘活了农村存量建设用地;四是有效保障了集体经营性建设用地供给,为集体建设用地入市提供了资源保障。

二、集体建设用地流转的原则

(1)以存量建设用地为主的原则。我国农村集体建设用地面积巨大,如果充分加以利用,完全可以满足城镇化建设的需要。因此,农村集体建设用地入市要以现有农村集体建设用地为主,尽量少新增建设用地,以免对耕地保护和粮食安全构成威胁。

(2)符合土地利用总体规划和土地用途管制原则。农村集体建设用地流转必须符合土地利用总体规划,必须符合土地用途管制,不能占用耕地,更不能占用基本农田。

(3)"先整理集中,再流转使用"的原则。对需要流转的集体建设用地,要先进行村庄统一整治,通过对旧宅统一拆迁整治、统一建设新居集中安置,提高土地利用效率,节约集约用地。整治后的集体建设用地按照居住用地和经营性开发用地分开的原则进行规划,留足村民居住地之后结余的经营性建设用地,可由集体经济组织或村民自主开发经营,或者以出让、转让、出租、作价(出资)入股、联营合作、抵押等方式进行流转。

三、集体建设用地流转效益最大化的路径选择

(1)建立城乡统一的土地市场体系,允许集体建设用地自由交易。打破城乡二元土地结构,使农村集体建设用地市场与城镇土地市场合并运行,形成一个统一的建设用地市场,最终实现土地资源在全社会范围内的合理、有效配置,实现国有土地和集体土地"同地、同价、同权",让两种所有制土地平等进入非农用地市场,显现农村集体建设用地市场价值,提高农民收益能力。特别是城市规划区内和近郊区的农村集体建设用地直接入市,既可以有效缓解城市化和工业化发展用地不足的矛盾,又可以实现农村土地资产化,实现农民增收,促进城乡统筹发展。

(2)继续深化城乡建设用地增减挂钩的内涵,挖掘偏远地区农村集体建设用地的市场价值。对于偏远地区的集体建设用地来说,由于位置偏远、交通不便、投资环境较差,土地的市场价值也不高,即使允许集体建设用地流转入市,农民依靠建设用地获得的收益仍然十分有限,农民仍然无法分享城市化和工业化带来的制度红利。

如何充分挖掘偏远地区集体建设用地的利用价值，城乡建设用地增减挂钩为我们提供了一个实现的路径。在我国严格保护耕地、限制农用地转为建设用地、限制城市扩张的背景下，城市建设用地紧张、城市近郊建设用地价值与日俱增，如果能将偏远地区的建设用地挂钩置换到城市规划区内或近郊等土地价值较高的地区，偏远地区集体建设用地的价值就会得到大大提升，偏远地区的农民就可以分享城市化带来的红利。

此外，由于农村集体建设用地大多位置分散、面积较小，与耕地和基本农田相互穿插利用困难，如果允许集体建设用地"内部增减挂钩"即土地位置的置换，即在保持集体建设用地面积不增加的前提下，允许集体建设用地与农用地之间的位置互换，就可以解决这些问题，进而达到集体建设用地集中，提高土地利用的集约度和规模化程度，进而提高建设用地开发利用价值。

通过村庄集中整治、位置互换而形成的集体建设用地，村民可以自主进行经营性开发建设，也可以将建设用地指标有偿转让给城镇或其他农村集体经济组织使用，进而实现集体建设用地价值的最大化。

第三节 集体建设用地流转收益分配的理论解析

一、集体建设用地流转收益分配现状

集体建设用地使用权流转，其核心和最敏感的问题就是如何确立合理的利益分配机制（赵黎明，2006）。对于集体建设用地流转收益分配，最为普遍的收益分配方式是在政府、集体之间按照比例进行分配，农民个人在集体收益部分进行再分配。我国各地

在集体土地流转收益分配中的做法不尽相同,在南方及东部沿海城市,农民集体分配的比例较高,一般占到70%以上,也有些地方政府不参与分配,收益全部归集体所有。如在浙江试点地区,村集体经济组织分配比例为80%;江苏苏州市农村集体收益分配比例为70%;上海市农村集体经济组织分配比例为85%;在广东南海地区集体土地流转在参照国有土地流转缴纳有关税费后,收益全部归集体经济组织所有(卢炳克,2012);海南三亚集体建设用地流转净收益在农民集体与政府之间按80%和20%的比例分配。但在中部地区,集体建设用地流转收益中,政府分配比例较高。在安徽芜湖市,县、乡、集体经济组织分配比例为10%、40%、50%(赵黎明,2006);在河南安阳市,对于存量集体建设用地,土地所有者(农民集体)和土地管理者(市、县、乡人民政府)之间按40%和60%的比例进行分配,对于农村宅基地流转按照所有者80%、管理者20%的比例进行分配(彭文英等,2008)(表4-2)。

各地在政府与农民集体之间的分配比例并不相同且相差较大,说明了目前在集体建设用地流转收益分配方面还不成熟,缺乏统一的标准,政府与农民集体之间的分配还具有较大的主观性,缺乏理论依据。

二、政府与集体之间收益分配的理论探析

1. 基于产权理论的解析

产权最主要的功能就是收益功能,任何产权主体对其产权的行使,都是在收益最大化动机支配下的经济行为。土地所有权属于财产所有权的范畴。土地所有权是指土地所有人在法律规定的范围内占有、使用和处分土地,并从土地上获得利益的权利。如果产权不能带来收益,那么将带来资产利用的低效率和闲置浪

表4-2　不同模式下的集体建设用地流转收益分配对比分析

类别	典型案例	流转形式	流转主体	收益分配
城乡建设用地增减挂钩	城乡建设用地增减挂钩	通过对农村集体建设用地复垦,将减少了的建设用地指标转移给城市	政府	除农民建房安置成本之外,增值收益全部归政府
	成都和重庆地票交易		政府	农民获得安置住房及部分土地增值收益
土地置换	海南陵水	集体土地与国有土地置换	政府	集体经济组织获得全部级差收益
集体建设用地直接流转	江苏苏州	转让、出租、作价入股	集体经济组织	集体、政府分配比例为7:3
	安徽芜湖	转让、出租、作价入股	乡镇人民政府	县(区)、乡(镇)、集体分配比例为1:4:5
	海南三亚	出让、出租	集体经济组织	集体、政府分配比例为8:2
	广东南海	出让、出租土地或厂房	集体经济组织/村级股份公司	上缴税费后全部归农民集体

费,我国农村集体建设用地大量闲置浪费的现象就证明了这一点。据估算,目前全国农村集体建设用地面积约16.8万平方千米,农村居民点内部约有25%的土地处于闲置状态(王振伟等,2007);同时,如果限制产权的收益功能,产权主体将通过私下交易来规避法律的限制,进而实现产权收益,导致产权交易的私下交易猖獗。我国在限制农村建设用地流转、限制集体建设用地进行经营性开发建设的背景下,出现的大量"小产权房"亦证明了这

一点。据有关部门统计,截至 2007 年 6 月 30 日,全国小产权房面积已接近 120 亿平方米,占全国村镇房屋总面积的 20%,如果按每套 100 平方米来计算,相当于有 1.2 亿套小产权房,北京、成都、西安等城市小产权房销售量都已超过房地产市场供应量的 20%(钟京涛,2008)。

因此,从产权角度分析,土地的所有权人拥有绝对的土地收益权,农民集体经济组织作为集体建设用地的所有权人,应该享有集体建设用地的流转收益。

2. 基于地租理论的解析

从地租理论角度分析,绝对地租应该归土地所有权人享有。级差地租Ⅰ是由土地质量和区位的好坏决定的,但对于建设用地而言,土地的肥沃程度对其价值影响较小,区位条件才是影响集体建设用地价值的主要因素。而农村土地的区位条件是由土地所有权人所处在位置决定的,与其他权利主体无关,因此,对于农村集体建设用地的级差地租Ⅰ也应该为土地所有权人所有。级差地租Ⅱ是由对土地投入资本的多少来决定,对于建设用地而言,具体的表现形式主要是对建设用地周边交通、供水、排水、环境等区域基础服务设施建设的投资,由于区域基础设施建设主要是由政府投资完成,因此,级差地租Ⅱ应该归政府享有。

因此,根据地租理论,从地租的产生途径及不同主体对地租产生的贡献来分析,土地所有权人应该享有绝对地租和级差地租Ⅰ,政府应该享有级差地租Ⅱ。

3. 基于拉弗曲线的理论解析

政府在集体建设用地流转中担任了服务者和管理者的角色。集体建设用地的增值得益于政府对农村道路、水利、环境治理等基础设施的投入,集体建设用地的流转离不开政府的服务和管理,耕地保护和区域之间的利益协调工作也主要由政府来完成。因此,政府应该从集体建设用地流转收益中获得一定的收入。

根据拉弗曲线税率对政府财政收入的影响,税收并不是随着税率的增高而增高,当税率高过一定点后,税收的总额不仅不会增加,反而还会下降。因为税收的多少不仅决定于税率的高低,还决定于课税的基础即经济主体收入的大小。过高的税率会削弱经济主体的经济活动积极性,因为税率过高企业只有微利甚至无利,企业便会心灰意冷,纷纷缩减生产,企业收入降低,从而削减了课税的基础,使税源萎缩,最终导致税收总额的减少。当税收达到100%时,就会造成无人愿意投资和工作,政府税收也将降为零。从另一方面来看,税率过高不仅使企业微利甚至无利,而且还可能促使企业偷逃税收,从而导致税收总额的减少,见图4-3。

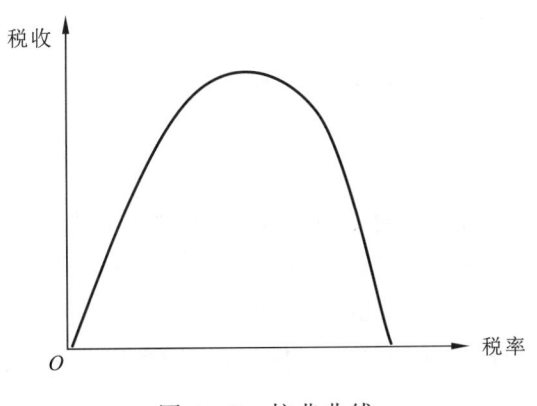

图4-3 拉弗曲线

对于农村集体建设用地流转收益分配问题,同样适合用拉弗曲线进行解释,如果政府参与分配的比例较少,政府的收入就较低,政府就没有足够的资金继续扩大对农村基础设施建设的投资,或者对农村基础设施扩大投资的意愿不强,就进一步会影响农村集体建设用地的增值收益;但如果政府参与分配的比例较高,农民的收益就十分有限,农民进行集体建设用地流转的意愿和动力就不足,农村集体建设用地闲置浪费的局面仍然无法改变,另一方面,如果政府参与分配的比例过高,可能会重蹈集体建设用地私下流转交易的覆辙,政府实际获得的收益反而会减少。

4. 政府与集体之间合理分配的趋势展望

在基于产权理论和地租理论综合分析的基础上,集体建设用地流转收益应该在土地所有权人和政府之间分配,如何合理确定政府在集体建设用地流转收益中的分配比例,是确保各方权益的关键。从以上地区农村集体建设用地流转的试点可以看出,政府参与土地增值收益分配的比例各不相同,上海为15%,浙江和海南三亚为20%,江苏为30%,安徽芜湖为50%,河南安阳为60%,广东和成都参照国有土地流转缴纳有关税费确定分配比例。但通过深入分析可进一步发现,政府参与分配比例较高的地方往往是集体建设用地流转范围较小、流转不够活跃的地方,且在这些地区集体建设用地的流转中政府的主导作用较大;在政府参与分配比例较低的地区,往往是集体建设用地流转范围较广、流转较为活跃、政府参与度较低的地区,比如广东、浙江和成都。从各地的实践和运行效果来看,政府以税费的形式参与集体建设用地流转收益分配的可操作性较强。另外,从构建城乡统一的土地交易市场,逐步实现集体土地与国有土地"同地、同价、同权"的政策设计目标上来看,在交易税费上集体建设用地也应该逐渐与国有土地并轨。既然集体建设用地要求享有与国有土地同等的权利,那么就要按照国有土地流转的标准缴纳税费,否则就仍然存在不平等。因此,从这个角度考虑,集体建设用地流转应该参照国有土地标准缴纳相关交易税费。

三、农民与集体之间的分配

由于农村宅基地不能流转,集体建设用地的流转对象一般是没有分配给村民的集体土地或者是通过农村宅基地统一整治之后结余出来的集体建设用地。因此,集体建设用地不同于土地承包经营权流转,集体建设用地的流转一般由集体经济组织或集体经济组建的股份制公司进行,所以就存在在集体内部如何分配土地增值收益的问题。在集体内部合理分配土地的增值收益,关系到农民土地权利的保障,关系到集体组织的壮大和发展,关系到集体内部的和谐等问题。

对于集体建设用地流转收益在集体内部的分配,普遍的做法是集体经济组织先按一定的比例提取集体发展基金,纳入集体财产进行统一管理,专款用于集体经济组织的再发展和成员的社会保障,再将剩余收益在集体成员之间进行分配,具体分配方式在不同的地区有明显差异。比如:在广东南海,集体建设用地流转收益51%作为股份制企业发展基金和福利基金,49%作为土地分红;在成都锦江区集体建设用地流转收益50%用于购买农民社保、40%用于集体股份公司发展、10%用于集体成员现金分红。

在集体建设用地收益分配中,村民要求现金分红的往往占多数。因为农民认为,集体所有就是全体村民共有,每个人都是集体所有权主体的一分子,都享有集体的收益权,集体的建设用地收入应该全部分配给全体村民,这样才能体现村民的土地权益。但是从另外一个角度来讲,农民生产生活条件的改善离不开集体的支持,农村集体公益事业的发展离不开集体的投资,村民社会福利的建立离不开集体的保障。再者,多数村民的投资理财能力差,村民个体抵御资金风险的能力不强,村民的长久持续发展离不开集体的群策群力。因此,在实际分配中是不是该将大部分收益都进行分配,集体经济组织需不需要壮大,值得深入研究。

据调查,目前在农村公益事业建设中,政府出资的比例只占到总费用的28.35%,由集体出资和农民集资的比例占64.21%,其他占7.44%,由此可以看出,集体出资仍是农村公益事业建设的主要资金来源,由集体和农民出资的比例占到六成,说明农村公益事业建设大多数还是需要靠农民自己来完成。在一些经济发达、农村集体经济组织经济实力较强的地区,集体在农村公益事业建设中更是起到了决定性作用。比如广东南海,农村的基础设施建设、学校、公路等较为现代化,这些公益事业基本上是由村委会(村集体)出资建设和管理,村委会出资比例达95.97%(陈小君等,2010)。农村公共产品的有效供给、农村的健康发展与农村集体经济组织的壮大是密不可分的(吴丽莉,2011)。由于国家的财力有限,农村农业设施的发展完全依靠国家支持是很难做到的,只有集体经济组织的力量壮大了,农民的事由农民自己来干、按照农民自己的意愿来干,才能实现农村社会的理性发展。农村现存的一些问题,恰恰是农村集体职能缺位的结果,只有重构集体职能,将集体做大、做强,农村才能更好地健康发展。在农村土地农民集体所有的前提下,集体经济组织的力量应不断加强,让集体经济组织在引领村民致富、完善农民社会保障、提供农村公共产品服务等方面发挥积极作用。

海南省陵水县大墩村村民自主拆迁而结余的土地拆迁费和土地征收补偿费没有直接全部支付给村民,而是利用集体资金兴办了村办企业,最后依靠村办企业带动村民致富的例子,也进一步验证了集体经济组织在带动村民致富、保障农民福利、保障村

第四章　集体建设用地流转：不同权利主体对土地非农化的利益诉求

民长久生计等方面起到的积极作用。

因此，对于集体建设用地流转收益，集体经济组织应将一定比例或一定数额的收益划为集体财产进行统一管理，专款用于本集体经济组织的养老、医疗和失业保险等社会保障项目和农村公益事业的发展，然后再将剩余收益在集体成员内部进行平均分配，确保集体成员权益。村集体具体提取公益基金的比例和数额，应根据集体土地流转获得的收益、村集体每年的开支和预算来进行灵活确定，最终交由村民大会讨论决定。同时，要做好集体公益资金利用的公开、监督机制，确保农民权益。

第四节　完善集体建设用地收益分配的措施

一、坚持用途管制，完善集体建设用地权能

农村集体建设用地流转必须符合土地利用总体规划，必须符合土地用途管制，不能占用耕地，更不能占用基本农田。

我国农村集体建设用地面积巨大、闲置浪费严重，土地节约集约利用水平不高，如果充分加以利用，完全可以满足城镇化建设的需要。因此，农村集体建设用地入市要以现有农村集体建设用地为主，尽量少新增建设用地，以免对耕地保护和粮食安全构成威胁。对需要流转的集体建设用地，要先进行村庄统一整治，通过对旧宅统一拆迁整治、统一建设新居集中安置，提高土地利用效率，节约集约用地。整治后的集体建设用地按照居住用地和经营性开发用地分开的原则进行规划，留足村民居住之后结余的经营性建设用地，可由集体经济组织或村民自主开发经营，或者以出让、转让、出租、作价（出资）入股、联营合作、抵押等方式进行

流转。

二、建立城乡统一的土地市场体系

首先,建立城乡统一的土地市场体系。打破城乡二元土地结构,使农村集体建设用地市场与城镇土地市场合并运行,形成一个统一的建设用地市场,最终实现土地资源在全社会范围内的合理、有效配置。具体而言,就是建立集体建设用地进入市场制度体系,包括实行统一的土地不动产登记制度、集体建设用地使用权流转制度、集体建设用地抵押融资制度。制定集体建设用地入市规则,形成从规划、土地准入到地价、地税等的一系列管理办法,在规划和用途管制下,实现国有土地和集体土地"同地、同价、同权",让两种所有制土地平等进入非农用地市场。

其次,建立城乡统一的地价体系。为充分显现农村土地的资产价值,避免对农村集体建设用地价格的低估,一是要及时建立农村集体土地基准地价体系,明确基准地价对农村集体建设用地市场价格的引导作用,完善集体建设用地与国有建设用地"同地同价"的制度;二是要建立集体建设用地价值评估制度,建立科学的农村土地价格评价机制,充分发挥市场对农村土地资源的基础配置作用。

最后,建立城乡统一的土地交易市场。目前,农村集体建设用地在市场交易规则、价格形成机制、流转收益分配关系等方面仍处于探索阶段,对交易前、中、后各环节可能存在的社会、经济风险仍缺乏足够的应对准备。但国有土地交易制度和市场建设已较为成熟和完善,可以在现有国有土地交易平台的基础上,构建农村土地交易平台,借鉴国有土地交易市场的交易前、中、后程序及机制,积极推进农村土地进场公开交易。通过对农村土地公开交易市场的培育,最终实现"两种产权,一个市场"。

三、深化城乡建设用地增减挂钩内涵,使偏远地区农民分享城市化的红利

对于偏远地区的集体建设用地来说,即使允许集体建设用地流转入市,由于这些建设用地位置偏远、交通不便、投资环境较差,土地的市场价值也不高,农民依靠建设用地获得的收益仍然十分有限,农民仍然无法分享城市化和工业化带来的制度红利。

如何充分挖掘偏远地区集体建设用地的利用价值,城乡建设用地增减挂钩为我们提供了一个实现的路径。在我国严格保护耕地、限制农用地转为建设用地、限制城市扩张的背景下,城市建设用地紧张、城市近郊建设用地价值与日俱增,如果能将偏远地区的建设用地挂钩置换到城市规划区内或近郊等土地价值较高的地区,偏远地区集体建设用地的价值就会得到大大提升,从而偏远地区的农民就可以分享城市化带来的红利。

四、建立城乡统一的土地收益分配模式,合理分配土地收益

首先,建立城乡统一的土地交易税费机制。建设城乡统一的建设用地市场,关键环节就是改革相应的增值收益分配机制,合理确定国家、集体、个人的征地收益分配,合理维护各方权益。要改变目前集体建设用地流转收益分配中的随意性与主观性,减少政府在农村集体建设用地流转中的干涉和参与(王文等,2009),政府要退出对农村集体建设用地流转收益的直接分配,要逐步完善农村集体建设用地流转交易税费机制(董祚继等,2011;冯俊条,2013),使政府由直接参与分配向以税收形式参与分配方式的

转变。

其次,合理进行内部收益分配。农村土地归农民集体所有,每个集体成员都平等地享有分配集体土地增值收益的权利。合理确定集体成员资格、合理分配集体土地流转收益关系到农民权益的体现和集体内部的稳定。同时,农民是集体的有效组成部分,是集体土地的权利主体,有权参与决策集体的事务,对于集体土地增值收益的分配和使用,应按村民自治原则,充分发挥基层民主,由全体村民大会或村民代表大会集体决策决定。

第五节 小 结

随着我国城镇化建设的不断推进和社会经济的快速发展,土地越来越稀缺,土地的价值越来越高,农村土地私下交易的现象已普遍存在。堵不如疏,农村土地入市的趋势已不可阻挡。

为了推进农村集体建设用地流转制度改革,我国已在多个地区开展了试点,积累了一定的经验,主要有已在全国推广的城乡建设用地增减挂钩、成都和重庆的地票交易、海南陵水的土地置换,安徽芜湖、江苏苏州、广东南海、四川成都、海南三亚等地的集体建设用地直接流转等制度。总体看来,城乡建设用地增减挂钩使城市规划区外的农民分享了城市土地增值收益,促进了偏远地区集体建设用地价值的提升,改变了土地增值收益分配的格局;广东南海、四川成都、海南三亚等地集体建设用地直接入市流转的实践,破除了城乡二元土地结构,实现了城乡土地统一市场,集体建设用地与国有建设用地"同地、同权、同价";海南省陵水县大墩村城市规划区内集体建设用地直接流转的实践,改变了现有的土地征收补偿模式,使农民分享了城市化带来的土地增值收益。

但是也可以看出,各地在政府与农民集体之间的分配比例并不相同,且相差较大,说明了目前在集体建设用地流转收益方面还不成熟,缺乏统一的标准。

从产权角度分析,农民作为集体建设用地的产权主体应该享有土地的增值收益。从地租理论角度分析,政府应该享有基础设施投资对土地产生的增值收益即级差地租Ⅱ。因此,集体建设用地增值收益应该在农民集体与政府之间进行分配。根据"拉弗曲线"理论税率对税收的影响分析,政府的分配比例不宜过高,否则可能会抑制集体建设用地的交易,导致私下隐形交易重现。从构建城乡统一的土地交易市场,逐步实现集体与国有土地"同地、同价、同权"的政策设计目标来看,集体建设用地应该按照国有土地流转的标准缴纳税费。此外,为了集体公益事业发展和集体的壮大,集体建设用地流转收益应该提取一定比例的专款用于本集体经济组织的养老、医疗和失业保险等社会保障项目、农村公益事业以及集体的再发展,然后再将剩余收益在集体成员内部进行平均分配,确保集体成员权益。

第五章

征地补偿制度改革：
不同权利主体对城市发展红利的共享

城市化发展是土地征收的动因，土地征收是实现城市化快速发展的基础。我国目前仍处于城市化和工业化高速发展的历史阶段，土地征收在一定时期内仍不可避免。城市化发展是导致土地增值的直接因素，土地增值的巨大利益是驱使政府强制征地的直接诱因；农民生活水平的改善离不开城市的发展，城市扩张过程中的土地征收又侵占了农民的土地权益。土地征收补偿是不同权利主体对城市发展带来土地增值收益的再分配，在土地征收中如何兼顾农民的土地权利主体地位与公共利益的发展，如何在不同权利主体之间合理分配城市化带来的土地增值收益，是推进征地制度改革、化解征地冲突要深入考虑的问题。

第一节　当前土地征收中存在的问题

一、具有典型的强制性，农民丧失了应有的决策权和参与权

虽然我国《宪法》和《土地管理法》都规定："国家为了公共利益的需要，可以依法对土地实行征收或者征用并给予补偿"，也就

是说国家只有在"为了公共利益"的情形下才能进行土地征收。但同时,《土地管理法》规定:"任何单位和个人进行建设,需要使用土地的,必须依法申请使用国有土地",意味着用于建设的土地必须先经过征收转为国有土地后才能使用,由此导致在实际执行中,地方政府不管是公益性用地还是经营性用地,只要是需要建设使用的土地都一律实行国家征收,这条规定也成了地方政府征收土地的主要依据。一方面,国家是农村土地产权的实际控制者,在农村土地的规划编制、规划用途、征收程序等方面,农民往往是被动参与,农村集体所有的土地随时可能因为国家的"公共利益"而被征收。另一方面,在土地征收中处处体现着国家的利益和意志,农村土地征收价格完全由国家制定,农民对自己所有的土地价值缺乏参与权和决策权,加上国家土地征收的强制力,农民对自己所有土地的价值完全没有讨价还价的余地,形成了我国土地征收中特有的"买方定价市场"。

二、土地补偿标准偏低,土地增值收益分配不合理

由于我国法律限制农村集体土地流转,农村土地只有通过征收转为国家所有之后才能进入建设用地一级市场。而在对农民土地的征收补偿方面,现行法律规定按照原用途进行补偿,且补偿价格不超过前三年平均产值的 30 倍,土地征收补偿价格普遍较低。比如:根据最新《海南省征地统一年产值标准》,海南省征地统一年产值最高的海口市和三亚市最高征地区片价分别为 137.25 万元/公顷和 135.60 万元/公顷。据调查,2017 年海口市国有建设用地出让平均价格已达 7 586 万元/公顷,三亚市土地出让平均价格已达 10 675 万元/公顷,国家将农民土地进行征收后获得的增值收益已经高达几十甚至上百倍,但农民无法有效

参与。

在土地出让的增值收益分配中,据学者研究显示,地方政府获得60%~70%,村级集体组织获得25%~30%,真正到农民手里的已经不足10%(刘永湘等,2004;陈锡文,2004)。因此,从土地收益的归属来看,农民的土地所有权主体地位没有得到充分体现,农民的权益亦没得到有效维护。

尤其是在集体建设用地的征收上,土地价值偏低,使得集体建设用地的市场价值远远被低估。抛开集体建设用地开发价值不说,单单从我国当前的土地用途管制及农用地转为建设用地的审批制度来看,农用地转为建设用地要经过性质审批,要缴纳新增建设用地使用费和耕地开垦费,建设用地的价值已经远远大于农业用地的价值。以海口市秀英区为例,耕地开垦费按旱地标准缴纳,则缴纳标准为9万元/公顷,见表5-1。新增建设用地有偿使用费若按海口市秀英区对应的缴纳标准为第五等,64元/平方米,合64万元/公顷,见表5-2。由此可见,要完成农用地向建设用地的转换,除去行政审批过程中需要产生的其他税费等行政成本,需要缴纳新增建设用地使用费和耕地开垦费合计已经达到73万元/公顷。因此,从这方面来讲,集体建设用地的价值应该高于农用地的价值。

再者,集体建设用地和国有建设用地之间,仅仅是由于所有权主体的不同,价值就相差几十甚至上百倍,明显是对集体土地权利的忽视。因此,在这种不平等的城乡二元土地制度背景下,农村集体建设用地和国有建设用地之间的巨大经济利益反差,诱使多数城市近郊农民冒着违法的风险,将农村集体土地转为非农建设用地,进行小产权房等经营性开发建设,形成了农民与政府之间对土地增值收益分配的博弈。

第五章 征地补偿制度改革：不同权利主体对城市发展红利的共享

表 5-1 海南省耕地开垦费的基本标准

（单位：万元/公顷）

原土地利用类型		基本标准
基本农田	水田、菜地	12.00
	旱田、旱地	9.00
	其他基本农田	7.50
基本农田以外的水田、菜地		7.50
其他耕地		6.00

表 5-2 全国新增建设用地土地有偿使用费征收标准

（单位：元/平方米）

等别	征收标准	等别	征收标准
1	140	9	34
2	120	10	28
3	100	11	24
4	80	12	20
5	64	13	16
6	56	14	14
7	48	15	10
8	42		

三、土地财政愈演愈烈,政府侵占了农民巨额土地财富

由于我国法律限制农村集体土地流转,农村土地只有通过征收转为国家所有之后才能进入建设用地一级市场。这种土地市场的高度垄断性决定了农用地征收价格较低而建设用地供应价格相对较高,致使在农用地非农化过程中产生了较大的增值,且增值部分被收归政府。土地出让收入逐渐成为地方财政收入的主要来源,成了地方政府的"小金库",据公开数据显示,2001年全国土地出让收入为1 296亿元,地方财政收入为7 308亿元,土地出让金占地方财政收入的比例仅为16.61%;2007年全国土地出让收入高达13 000亿元,占地方财政收入的比例高达55.15%;到2010年,短短的三年期间,全国土地出让金增长一倍多,达到27 000亿元,占地方财政收入的比例更是达到66.49%的历史高度;到2013年,全国土地出让金创下41 000亿元的新高,占地方财政收入的比例为59.45%,见表5-3。

四、失地农民的长久生计无保障,养老保险制度不健全

目前,各地对土地征收补偿的方式仍以现金补偿为主,但对于没有理财能力和投资管理经验的农民来说,一次性的收入并不能带给失地农民长期生活保障和长期稳定,遗留下的负面问题和社会矛盾依然存在。一次性获得征地拆迁款的农民,虽然在短期内改善了自己的生活,在物价不断上涨的社会背景下,土地补偿资金贬值较快。加上农民大多缺乏理财和投资经验,文化水平较低,没什么专业技能,再就业困难,只能守着一点微薄的土地补偿资金坐吃山空,分到手的拆迁款很快便会被挥霍一空,导致出现失地农民返贫现象,长久生计无法得到保障。

表 5-3 2011—2013 年全国土地出让金和地方财政收入统计分析

(单位:亿元,%)

年份	全国土地出让金	全国财政收入	地方财政收入	土地出让金占地方财政收入比例
2001	1 296	16 386	7 803	16.61
2002	2 417	18 904	8 515	28.38
2003	5 421	21 715	9 850	55.04
2004	5 894	26 396	11 893	49.56
2005	5 505	31 649	15 100	36.46
2006	7 000	38 760	18 304	38.24
2007	13 000	51 322	23 573	55.15
2008	9 600	61 330	28 645	33.51
2009	14 240	68 518	32 581	43.71
2010	27 000	83 080	40 610	66.49
2011	31 500	103 740	52 400	60.11
2012	26 900	117 210	61 077	44.04
2013	41 000	129 143	68 969	59.45

资料来源:国土资源部和国家财政部历年发布的统计数据(2001—2013年)。

据调查,土地征收补偿费远不足以维持农民的现实生活和长远生计,失地农民得到的土地补偿费、劳动力安置补助费一般只够维持6~7年的基本生活。如果是公益性占地,补偿标准更低,一般只够3~5年的生活费。农民失去土地也就失去了稳定的收入来源和长远的生活保障,而土地征收补偿费并不能实现对土地保障功能的替代,使得"征地农民原有生活水平不降低、长久生计有保障"的口号变成了一句空话。在征地补偿安置过程中出现的"一脚踢"现象,也就是只是向农民发放一笔货币补偿,让农民自谋出路,对于失地以后的居住、再就业等问题没有保障或者重视不够,容易使农民陷入"种地无田、就业无岗、发展无路、低保无份"的窘境,这是造成当前征地矛盾频发的症结所在(严之尧,2011)。

为解决被征地农民生活的后顾之忧,确保被征地农民基本生活和长远生计有保障,很多省份都建立了被征地农民基本养老保险制度,将失地农民纳入基本养老保险范围。海南省于2009年6月18日颁布了《海南省人民政府关于印发被征地农民基本养老保险暂行办法的通知》(琼府〔2009〕50号),但据笔者调查,在海南省该政策的实施并不顺利,即使在政府保障资金足额及时到位的情况下,仍存在农村集体经济组织和失地农民参保资金不足,甚至不愿参保的现象,执行困难。

1. 征地补偿费支付失地农民基本养老保险费后所剩无几,甚至出现倒挂现象

根据《海南省人民政府关于印发海南省统一年产值标准和海南省征地青苗及地上附着物补偿标准的通知》(琼府〔2009〕41号)文件,海口市土地补偿费和安置补助费按统一年产值补偿标准最

高为137.05万元/公顷,中档补偿标准为97.27万元/公顷,最低为77.15万元/公顷。

据调查,海口市2010年共批准农转用及土地征收报批材料四宗,其中有三宗涉及按新标准给失地农民缴纳基本养老保险,核定缴费标准均为9.22万元/人。土地征收补偿费及失地农民参保费用情况详见表5-4。

表5-4 2010年海口市土地征收项目核定补偿费和失地农民参保费用分析

项目名称	项目总规模(公顷)	核定参保人数(人)	参保标准(万元/人)	土地征收补偿费		集体和个人应承担参保费用		
				总额(万元)	人均补偿(万元/人)	合计(万元)	集体(万元)	个人(万元)
A	18.22	828	9.22	2 054.06	2.48	3 815.42	1 526.17	2 289.25
B	2.73	39	9.22	374.70	9.61	179.71	71.88	107.83
C	1.24	18	9.22	155.98	8.67	82.94	33.18	49.77

注:表中人均土地补偿费假设全部支付给参保农民,实际上参保人所得要低于此数额,因为只有失地50%以上的农民才能参保,还有许多非参保人、集体经济组织要参与分配。

通过上表可以看出,以面积最大的一宗项目A为例,总面积18.22公顷(1公顷=0.01平方千米),核定参保人数为828人,人均参保标准为9.22万元,按农村集体经济组织和个人分别承担20%、30%计算,农村集体经济组织和个人合计共需缴纳被征地农民基本养老保险资金3 815.42万元,而核定土地征收补偿款总额仅为2 054.06万元,即使将土地征收补偿款全部使用还有1 761.36万元的资金缺口。项目B和项目C则分别盈余195万元和 73 万元,剩余资金分别为土地征收补偿款总额的 52% 和 47%。

2. 以利益保护为出发点,农村集体经济组织为失地农民缴纳保险的阻力较大

经调查,目前海南省农村集体经济组织处理土地征收补偿款的主要依据是《海南省人民政府关于印发海南省征地补偿费分配使用管理暂行办法的通知》(琼府〔2006〕21 号)。该文件规定,对土地征收补偿款的处置方式,根据不同情况主要有两种方式:一是集体经济组织在调整数量与质量相当的土地给被征地农民继续承包经营的情况下,土地征收补偿费全部归集体经济组织所有,由集体经济组织所有成员平分。二是集体经济组织不再调整数量与质量相当的土地给被征地农民继续承包经营的情况下,土地征收补偿费由被征地农民和集体经济组织按 7∶3 分成,集体经济组织所得由剩余部分成员平分。

首先,经过分析可以看出,在以上两种土地征收补偿款的分配模式下,无论是采取哪种分配方式,再从集体经济所得部分中提取一定量的资金为失地农民支付基本养老保险,都会使剩余农民的所得利益受到损失,这部分人势必会极力反对,除非参保人数超过集体经济组织总人数的 2/3 以上,否则,这一方案很难通过。其次,由于集体土地属于集体经济组织所有,也叫作劳动群众集体所有。若为部分失地农民缴纳基本养老保险之后,集体经济组织土地补偿款所剩无几,甚至还要补贴,集体经济组织在失去土地的情况下,内部成员又不能从中得到好处,出于维护土地所有权利益考虑,集体经济组织内部成员一般抵触情绪较大。

第五章　征地补偿制度改革：不同权利主体对城市发展红利的共享

因此,除非在被征地单位内部大部分成员都具备参保的情况下,集体经济组织才会考虑为失地农民支付应承担的基本养老保险。否则,集体经济组织出资30%为少数失地农民缴纳基本养老保险阻力重重。因而,在实际操作中就出现了恶性循环:一个集体经济组织每次只被征收一部分土地,土地补偿费每次都被分光了,等到土地被一点点征收完毕的时候,集体经济组织也已没有能力再为失地农民缴纳基本养老保险了。

3. 以眼前生活保障为出发点,个人无力也不愿参加基本养老保险

一是失地农民无力缴纳基本养老保险费用。以海口市项目A为例,核定人均参保标准为9.22万元,按农村集体经济组织和个人分布承担20%和30%计算,集体和个人分别应承担基本养老保险费用为18 432元和27 648元,核定土地征收补偿款总额为2 054.062万元,假设补偿款全部支付给符合参保条件的人,集体经济组织及其他人不参与分配,则人均也仅仅可分得土地补偿款2.48万元,每个人还需要再自掏腰包2 800元,才能凑齐参加基本养老保险个人需承担部分。用于安身立命、养家糊口的土地被征收,基本生活已没法保障,还要再拿出2 800元参加基本养老保险,对于失地农民来说无疑是天大的困难,失地农民根本无力承担。

二是失地农民不愿参加基本养老保险。首先,失地农民不得不放弃参加基本养老保险。在目前农村集体土地征收补偿费的分配模式下,只有在失地农民脱离集体经济组织或不要求集体经济组织再调整数量与质量相当的土地继续承包经营时,集体经济组织才愿意为失地农民承担基本养老保险费用。在这种情况下,

失地农民要选择参加基本养老保险,不仅自己要承受巨大的资金压力,还要面临失去生活来源的危险。由于农民缺乏工作技能,失地之后生活会难以为继,失地农民一般会选择不参加基本养老保险,要求集体经济组织再调整数量与质量相当的土地继续承包经营。其次,失地农民不愿参加基本养老保险。对于失地农民,在集体经济组织无法再调整数量与质量相当的土地继续承包经营时,参加基本养老保险后,剩余资金所剩无几,生活压力非常大,在基本生活难以为继,对未来充满迷茫的情况下,再把到手的资金投入到几十年之后的养老,他们普遍意愿不高。对于青壮年来说,由于要等到55岁(女)或60岁(男)以后才能按月领取养老保险金,不能即时得到实惠,不如投资,部分年轻人则对进城务工办理城镇职工养老保险抱有期望;对于老年人,养老金能不能维持基本生活,临终之前能不能收回成本更是难以确定(王振伟等,2012)。

因此,由于2009年出台的《海南省被征地农民基本养老保险暂行办法》在实施中出现了一些问题,尤其是农村集体和个人往往无力或不愿按规定比例出资参保,导致政策难以真正落实。2009年以来,全省应参保被征地农民8.61万人,仅有2.35万人办理了参保手续,参保率仅27%。除三沙市外的18个市县,仅三亚、文昌、陵水、屯昌、澄迈、五指山、琼中7个市县落实被征地农民养老保险制度。笔者经过调研发现,在黑龙江、浙江、甘肃、河北、青海等省份的被征地农民养老保险政策实施过程中亦存在同样的问题,详见表5-5。

表5-5 部分省份被征地农民养老保险政策一览表

省份	参保对象	政府、集体、个人分担比例	保障类型	缴费方式	实施时间
海南	因政府统一征收农户第二轮土地承包权确认的土地面积达到50%及以上的农村家庭成员	政府承担50%,农村集体经济组织承担20%,个人承担30%	被征地农民养老保险专户	一次性缴纳15年的费用	2009年6月18日
黑龙江	土地全部或大部分被征收的农民,经村民会议或者村民代表会议2/3以上成员讨论通过	个人和集体、政府共同筹集	被征地农民养老保险专户	一次性缴纳10~15年的费用	2008年9月5日
浙江	16岁以上被征地农民,持土地承包证	政府承担30%,集体和个人承担70%	城镇保障	一次性缴纳	2003年8月28日
甘肃	年满16周岁（含16周岁）以上,征收土地面积占现有承包土地面积的20%	政府承担60%,个人承担40%	部分失地单独核算、全部失地纳入城镇养老	征收土地时一次性缴清15年的费用	2011年11月4日
河北	享有第二轮承包地且被征地后人均农业用地不足以维持基本生活的	政府承担30%,集体承担30%,个人承担40%	城镇保障	达到领取年龄一次性缴纳,达不到的分期缴纳	2005年2月17日
青海	被征地后人均剩余耕地不足0.02公顷,16周岁及以上、未参加城镇养老保险的在籍农民	个人承担当地城镇居民最低生活保障标准的35%,政府承担15%,集体补助由村委会确定	与新型农村社会养老保险合并	征收土地时一次性缴纳15年的费用	2012年12月31日

第二节　海南省土地征收补偿制度改革的经验及启示

一、陵水县大墩村村民自主拆迁模式

1. 村民自主征地拆迁

大墩村属于陵水县黎安镇的东南角，全村共有四个经济社、八个村民小组，农户918户，村民3500多人，原有土地733.33公顷。

在大墩村，征地矛盾积压已久。早在1993年海南开发热时，县政府未经村民同意，便以开发国际旅游城的名义，将全村466.67公顷土地予以征收，每公顷土地补偿标准1.05万元，人均分得征地补偿款仅650元。但是，招商引资来的20多家企业在圈地后，并没有开发。2010年，海南省省委、省政府作出决定，海洋主题公园项目落户海南国际旅游岛先行试验区，项目建设需征收大墩村207.20公顷土地和收回466.67公顷国有土地使用权。饱受征地之痛的村民得到消息后，如临大敌，集体喊出了"誓死保卫土地，不让政府再征走一寸土地"的口号。因为在他们看来，土地是农民祖祖辈辈赖以生存和发展的根基，一旦被征用，以后的日子就会很难过。面对如此困境，陵水县在征地方面进行了改革创新，提出"让利于民、让民做主、让民满意"的"三让"征地拆迁理念。

大墩村的征地拆迁工作，在"三让"征地拆迁理念的指导下，政府相关部门全部下放权力，政府仅仅起到指导、监督作用，并不介入具体实施工作。县政府按照此前测算的补偿标准，将征地补偿总费用和工作经费"打包"给大墩村村委会，由村委会"包干负责"，由村民集体决策，自行组织实施征地拆迁和补偿工作。各种

第五章　征地补偿制度改革：不同权利主体对城市发展红利的共享

补偿费用全部纳入村集体账户，全体村民参与补偿分配方案的制定，让村民自己拆自己的房、征自家的地。根据既定的补偿标准，补偿给农民之后的剩余资金全部纳入集体账户，注入村级股份公司，用于发展集体经济，村民再按人头定期取得分红。

为了让利于征地拆迁农民，县委、县政府对大墩村所征用土地、拆迁房屋全部实行海南省最高一档补偿标准，以村集体作为征地拆迁主体对其进行"包干补偿"。此次征地，大墩村的集体农用地补偿标准确定为每亩平均 5.8 万元，地上附着物每亩平均补偿 2 万元，坟墓每个平均补偿 4 200 元。为了尽可能地节约征地拆迁成本，所有的土地丈量、林木清点评估和房屋测量评估等工作全部由村、组干部和农民代表自己组织进行。仅此一项，就节约测量、评估等费用近 100 万元。

让农民成为征地的实施者，一是化解了征地过程中政府、开发商与农民的矛盾冲突。通过农民自主拆迁，使被拆迁人和拆迁人成为同一个利益主体，将征地拆迁成本与农民利益捆绑，避免了政府与农民的直接对立。二是杜绝了征地拆迁中的违规抢种、抢建等问题。以往在征地拆迁的过程中补偿给违章建筑和抢建抢种的款项一般都大于不可预见费的 50%，采用新的征地拆迁方法后，政府无需支付违章建筑和抢建抢种的款项，财务、行政成本低。因为政府采取包干补偿办法后，村民明白，如果谁抢种抢建了，那么集体在补偿方面支付的资金就多了，剩余的资金就少了，留给公司发展的资金、可以开展的项目也就减少了，自己的利益自然也少了。因此，村民之间自然形成有效监督，杜绝了征地拆迁过程中的抢种抢建行为。三是保障了被征地拆迁人的合法权益。由居委会和村民成立开发公司负责对自身地块的拆迁工作，负责改造后的不动产经营和管理工作，并具体测算拆迁成本，从根本上杜绝了由政府、开发商实施拆迁过程中产生的"灰色收入"以及特殊利益群体。四是充分调动了农民主动参与的积极性。把土地征用和房屋拆迁的赔偿款、青苗补助款以及工作经费全部交给农民,让农民由以往的被动参与者变为具体组织者和积极实施者。通过制度安排和广泛宣传,让被征地拆迁的农民懂得现在征地拆迁与过去完全不同,同时,农民在征地拆迁过程中,可以参与并享受到土地开发带来的好处,极大地调动了农民主动参与的积极性。

结果,在农民自主进行征地和拆迁的创新机制下,大墩村在一个星期之内,完成了918户村民房屋拆迁赔偿评估,一天之内完成了301户家庭坟墓的赔偿,只用了20天的时间,就完成了涉及8个村民小组826户村民的778.00万元/公顷土地征用工作,并且没有发生一起村民上访事件。大墩村项目拆迁结束后,村民们获得了高达几亿元的土地补偿款,集体经济组织也获得9 700多万元的村办股份企业发展资金,为村集体经济发展和解决失地农民就业、生活来源和长远发展提供了保障。

2. 进行留地安置,发展集体产业

为了切实解除失地农民的后顾之忧,陵水县政府按照征地总面积的8%留给村委会作为建设用地。在海南国际旅游岛陵水海洋主题公园项目中,县政府共征用黎安镇大墩村集体土地207.24公顷,按8%的比例给黎安镇大墩村委会留用地为16.58公顷。在政府的支持下,村民利用留用地发展起了集体产业,建立了环保砖厂和混凝土搅拌站。为了支持村办企业的发展,县政府把技术含量低的产业及产品采购项目向村级公司倾斜,将开发建设过程中如园林绿化、土石方、建材、土地平整等工程交给村办公司实施,项目建成后将风险小、收入稳定的如出租屋、商铺等产业交由村办公司经营。据了解,仅环保砖厂和混凝土搅拌站就解决了100多名村民的就业,每年可创利近3 500万元,村民每月能领到2 000元至3 000元的工资。2011年底,大墩村投产不到半年的混凝土搅拌站、环保砖厂进行了第一次分红,全村每位村民领到了3 000元的红利。

3. 小结

传统的征地模式中,地方政府既是征地、补偿、安置等规则的制定者,又是具体的实施主体,而农民则往往处于被动地位。加上有些地方干部存在执政理念和从政素质的问题,忽视了被征地农民的发展权益,忽视了所产生的矛盾给政府公信度降低、不稳定因素增多等带来的巨大的社会成本,农民抵制征地的情绪越来越明显。大墩村在土地征收中按照"农民的事自己办"的原则,开创性地进行"农民的土地让农民自己征收和拆迁",关键是尊重了农民的土地权利主体地位,让农民有了参与和分享征地收益的权利,使农民由被动的"被征地",转变为主动的"要征地",充分调动了农民的积极性,减少了征地矛盾。但我们也应该清醒地认识到,在此种模式下,农民的土地征收补偿费用仍然较低,仍不到10万元/亩,与周边国有土地200~300万元/亩的出让价格形成巨大的反差,只是农民得到的收益比传统的征地模式稍高而已。这种土地征收模式仍然不能解决农村土地发展权的问题,仍不能解决城乡土地"同地、同权、同价"的问题,但这种征地模式对于公益性用地等政府必须征收的土地来说,无疑是一种良好的制度设计。

二、三亚市月川"还利于民"的城中村拆迁补偿模式

1. 三亚市月川"还利于民"的拆迁模式

月川村村委会位于三亚市主城区,处于商业黄金地段之一,

占地 66.67 多公顷,是三亚最大的"城中村"。常住人口有 900 多户、3 500 人,另有 40 000 多名流动人口在此租房居住。1994—2004 年,三亚市委、市政府近 10 次试图对该地段进行拆迁改造,但都因安置补偿价格等问题而受到当地群众的强烈抵触,并因此发生过多起警民冲突,是三亚旧城改造的"老大难"地区。

为改变征地难的现状,2007 年,三亚市进行了征地改革,开创了"还利于民"和"共享改革发展成果"的征地拆迁模式。结果仅用了 3 个月,就完成了两个试点地块共计 13.93 公顷涉及 220 户居民的 9.5 万平方米房屋的拆迁安置工作。整个拆迁十分顺利,未遇阻力,历时多年的拆迁冲突最终化解,无一人上访或信访,实现了和谐拆迁。由于工作成效显著,广大被拆迁群众的态度从过去"要我拆迁"转变为现在"我要拆迁"。

三亚市月川村委会土地的拆迁安置过程,充分体现了"还利于民"的思想。

第一,土地变股权,村民做股东。2007 年 6 月,月川村村委会成立了河东月川开发建设有限公司,以当地拆迁和物业管理为主营业务,村民以土地入股成为股东,可以享受公司的盈利分红及其他福利。

第二,经费"打包",村民做主。政府将土地拆迁经费"打包"给村办公司包干使用,包干费用由专业机构根据被征区块上的附着物评估得出。由月川村办公司动员村民作为拆迁主体自己参与拆迁,除去拆迁安置费、拆迁成本等,剩余的便是公司的利润,包括股民分红和公司的再投入。

经费"打包"有效控制了政府支出的总量,同时也杜绝了边拆边建、边扒边种的怪现象。村民既是拆迁人也是拆迁对象,除拿到安置款外,还能获得拆迁劳务费,同时作为股东又是利润的拥有者。这样,村民的抵触情绪自然减少。对于利润的分配,在分红消费和发展积累之间如何取舍也由村民自行决定,政府不再是矛盾的中心。

第三,合理分配土地收益,实行同地、同价、同权。在月川村的改造中,三亚市政府除了按政府指导价对被拆迁人予以足额货币补偿和安置外,还专门出台文件,实行集体建设用地与国有建设用地同地、同价、同权政策,将集体建设用地出让的纯收益扣除20%用于支付该地块所应分担的公共基础设施建设费用,剩下的80%全部返还村办股份公司。三亚市25度阳光片区(商品房)征用月川村委会1.73公顷土地,返还土地出让收益3 200万元,合1 845.00万元/公顷,是之前土地征收补偿标准的38倍(杨文彦等,2012)。

第四,实行"留地安置"新模式。三亚市政府为了切实解除失地农民的后顾之忧,真正实现农民长远生计有保障,当地政府在拆迁改造后直接以划拨方式将8.51公顷土地预留给月川村村委会,土地使用权性质为国有土地使用权,用地性质为经营性建设用地。村委会可以用这块地建酒店、商铺等经营性物业设施,所有物业只租不售,出租所得按照村民股份由全村人平分。月川村村民除了享有股息和红利外,也可以到本地的酒店工作,每个月获得固定收入。目前,月川村村委会每年集体经济收入1 000多万元,2010年村民人均收入13 000元,人均固定资产达70多万元。采用留地安置的模式,不但培育了适合农民经营、有稳定收入流的集体产业,村民能每年获得稳定的经营收入,而且壮大了集体经济资产。留地、留物业安置的办法,使农民集体土地变成了可资本化的财产权,是城市化过程中兑现农民土地财产价值的重要形式。

2."三亚拆迁模式"获得的成效及启示

第一,有利于减轻财政成本。在旧城改造中政府零收益和无偿配送部分土地用于安置居民,是目前国内旧城拆迁普遍采取的一种做法。但在三亚月川村的拆迁过程中,政府没有配送也不需要配送一寸地就顺利完成了拆迁。采用"三亚拆迁模式"进行拆迁改造,让群众的利益和政府的利益统一起来,既能激发广大群众参与旧城改造的积极性,又能最大限度地减少政府的财政投入。

第二,有利于降低政府行政成本、提高拆迁效率。在调研中,许多村委会干部都反映,以前的拆迁都是交给开发商包干,他们能不能做好拆迁,百姓是否愿意接受他们的拆迁,都是未知数。现在,通过"三亚拆迁模式"政府把握大标准,村委会把握小标准,被拆迁户得到了最大补偿,农民参与的积极性高,拆迁效率大大提高。

第三,有利于带动旧城改造的积极性。月川村村委会运用该模式成功拆迁以来,三亚这座最大"城中村"的66.67公顷土地,已有超过1/3顺利拆迁。三亚市其他一些拆迁难点地区,如东岸、荣根、海螺等"城中村"都已经积极行动起来,开始准备拆迁工作。"三亚拆迁模式"实现了居民、政府、企业的多赢,村民在原地安置,并获得部分商业地产用作长远发展;政府减少了行政成本(超脱于具体繁杂的拆迁事务,避免了大量的上访及纠纷调处工作)和财政成本(不需要原本要无偿划拨的安置土地),并且得到无争议的土地储备;潜在的开发商可以通过公开竞标获得土地使用权,不用纠缠于繁杂的拆迁事务,可以一心一意谋求主业的发展(严之尧,2008)。

3. 小结

三亚月川城中村改造拆迁模式中,不管在土地拆迁还是在土地增值收益中都充分尊重了村民的土地权利主体地位。首先,由村民组建的村办公司自主拆迁,充分尊重了农民的财产权利主体地位,使村民参与拆迁的积极性大大提高。其次,月川村村委会属于"城中村",土地的属性还是集体所有,仍旧属于集体建设用地,但在月川村土地出让增值收益中,除去政府大约20%的城市基础设施配套费,政府将出让土地80%的净收益都返还给了集体村办公司,在土地增值收益分配上充分尊重了集体的所有权主体地位。

第三节 土地征收补偿利益分配模式重构

一、公益性用地的征收补偿:补偿农民损失的机会成本

1. 严格限定公益性用地范围

为了限制政府征地行为,必须明确区分公益性用地和经营性用地的范围,限制政府征地的权利。可以通过列举法制定公益性用地目录(刘守英等,2008),明确界定公共利益的范围,凡是目录之外的用地,一律不得实行强制征收。借鉴国外经验,结合我国实际,公共利益应严格限制在以下几个方面:一是军事用地;二是国家政府机关及公益性事业单位办公用地;三是能源、交通、水利用地,如电厂、电站、能源输气管道、道路、机场、水库等;四是公共设施用地,如市政公园、广场、绿化用地,城市水、电、气等管道用地;五是环境保护用地,如水源保护、生态防护林等;六是公益及

福利事业性用地,如公立性质的医院、学校、敬老院等;七是其他公认的或法院裁定的公共利益用地。在此基础上,在征收过程中应严格区分公共利益目的和非公共利益目的(解安宁等,2013)。

2. 确定公益性用地补偿的依据:机会成本

由于公益性建设用地不能从事经营性开发,征收后政府一般没有直接收益,因此市场价格难以确定。但是如果我们从经济学的角度来考虑,土地被征收,不管被征收的土地用于什么用途,对于农民来说结果都是一样的,那就是失去了土地,失去了利用土地发展的机会,也就是要对农民的机会成本给予补偿。农民的机会成本就是农民利用原来的土地能获得的收入。如果是农用地,就是按照农业用途来确定补偿标准,如果是农村集体建设用地,就按集体建设用地的自主利用或流转能够获得收益来计算。

3. 确定补偿的模式:留地安置

由于政府征收之后作为公益性建设使用,政府没有获得收益,因此,政府的补偿资金来源是值得考虑的问题。特别是在集体建设用地与国有建设用地"同地、同权、同价"的趋势下,征收农民土地的价格将越来越高,政府的补偿资金压力较大。

为了解决上述问题,海南省陵水县大墩村的"农民自主拆迁+留底安置"土地征收模式提供了很好的借鉴。一是实行农民自主拆迁。在土地征收补偿标准上仍然按照现行的土地征收补偿办法进行补偿,但是在土地征收补偿过程中要充分尊重农民的参与权和决策权。借鉴陵水县大墩村土地征收模式,让农民自主拆迁和补偿,按照既定标准核定土地征收补偿费、青苗及地上附着物拆迁补偿费、土地测量及地上附着物评估费、土地征收拆迁补偿工作经费之后,将所有费用打包给被征地农民,由被征地农民自主拆迁,让农民获取因征地产生的全部收益。二是进行留地安置。对于因公益事业建设需要征收农民土地的,要按照一定的比例给农民配置经营性产业发展用地,以补偿因土地征收给农民造成土地利用机会成本的损失。村民可以利用留用地进行自主经营性开发建设,可以出让,也可以用来出租,与其他企业进行合作开发等,利用留用地的发展获取一定的收益。这样既可以减少政府的资金压力,弥补政府公益性用地征收补偿费用的不足,又可以补偿农民因土地征收造成的损失,进而提高农民参与的积极性,减少征地冲突。

在进行留地安置中一定要处理好三个问题。一是留用地的区位条件一定要好,最好位于城市规划区内或者位于城镇周边,土地利用的价值要高,不能选择在偏远、交通不便、基础设施落后的地区,留用地安置的位置要和农民充分协商。二是土地转用的费用和程序要全部由政府来解决,不能让农民自己去办理农用地转用手续、自己缴纳土地转用的相关费用,要让农民拿到地就可以用。三是对于农民自主利用,发展村办企业的,政府要给予大力扶持,确保农民能获得持续长久的稳定收益。

二、经营性用地征收补偿:按产权和贡献分享增值收益

对于经营性建设用地的补偿,要调整现行的土地征收补偿方式,改变按土地利用现状用途进行补偿的方式,要按照市场价格进行补偿,让农民分享土地的增值收益,保障农民的土地权利主体地位。

1. 土地增值收益分配的原则:共享城市化收益

产权也称为资产的所有权,是指受法律确认和保护的经济利益主体对财产的排他性的归属关系,包括所有者依法对自己的财产享有占有、使用、收益、处分的权利。可以说产权是主体对客体

一系列权利束的总称。土地所有权指土地所有人在法律规定的范围内占有、使用和处分土地,并从土地上获得利益的权利。从产权的角度来讲,不管土地被征收之后用于什么用途,土地的产权人肯定是第一位要考虑的土地补偿及增值收益的分配者。

同时,土地的增值收益也不能只分配给土地的所有者,因为还要看土地增值收益的来源,看谁对土地的增值做出了贡献,做出贡献者为土地的增值付出了一定的代价,理应获得一定的经济补偿。比如政府为了构建便利的生活条件和舒适的生活环境,在城市市区内投入大量资金进行基础服务设施建设,由于政府的投入使得城市土地价值大大提升,政府为土地的增值做出了贡献,应该分享土地的增值收益,但要与集体经济成员进行协商。

因此,土地的增值收益要基于产权和贡献的角度进行考虑,要基于产权和贡献对土地的增值收益进行分配。

但是,在城市扩张过程中,城市规划区的范围不断扩大,大量农村土地被纳入城市范围,被纳入城市范围内的土地有农用地也有建设用地。在推进农村土地制度改革,允许农村集体建设用地与国有土地同等权利入市流转的趋势下,对于纳入城市范围内的农民存量集体建设用地和新增建设用地(农用地)是否实行不同的土地征收补偿及增值收益分配政策,值得思考。笔者认为,对于规划区内的存量农村集体建设用地来说,在允许与国有土地享有同等权利入市流转的趋势下,土地的市场价值将逐步显现,如果要进行征收,就要按土地的市场价值进行补偿;但是对于规划区内的农用地,要转为建设用地之后才能开发利用,如果国家在土地用途管制的情况下不允许农民将农用地转为建设用地,那么农民土地的市场价值就无法显现,这涉及土地的发展权和耕地的保护问题,在土地的增值收益分配中也要考虑这两个问题。

因此，由于存量建设用地和新增建设用地的价值产生机理不同，土地增值收益的分配也应该有所不同。对于不同的土地类型，要根据土地增值收益产生的机理，在基于土地产权和土地增值收益贡献原则下，合理分配土地的增值收益。

2. 存量建设用地：土地所有权人和政府分享增值收益

对于集体存量建设用地来说，在集体建设用地与国有土地同等权利入市的趋势下，集体建设用地的价值将逐渐显现，不管是国有还是集体建设用地，将实现"同地、同权、同价"，土地的价值与土地的所有权主体形式无关。如果国家要进行征收，那么土地增值收益基于土地的产权——应该将土地的增值收益返还给土地的所有权人；基于贡献——根据地租理论，是政府加大对城市基础设施的投资，从而促进了土地的增值，政府应当分享一部分土地增值收益（即级差地租Ⅱ）。因此，从基于产权和贡献的角度，存量集体建设用地的征收，土地增值收益应该在集体与政府之间进行分配。

城市规划区内的集体存量建设用地增值收益在土地所有权与政府之间具体怎么分配，可以采取两种模式进行。一种是仍然实行土地征收，将集体建设用地征收为国有土地，然后进行公开出让，将土地出让收益在政府与原土地所有者之间进行分配；一种是让集体存量建设用地直接进入市场，土地流转费用全部归土地所有权人所有，政府以收取土地交易税费或直接提取一定比例的基础设施配套费的形式参与土地增值收益分配。

如果仍然实行土地征收的模式，土地征收补偿及土地增值收益的分配方式可以借鉴三亚市月川村村委会"还利于民"的拆迁模式进行。首先，在土地征收补偿和拆迁上让农民自主拆迁。将土地征收补偿费、青苗及地上附着物拆迁补偿费、土地测量及地上附着物评估费、土地征收拆迁补偿工作经费等核定之后,将所有费用打包给被征地农民,由农民自主拆迁,并将土地征收补偿及拆迁经费纳入政府征地成本。其次,合理分配土地增值收益。在土地出让收益扣除对政府支付给农民的征地成本之后,政府提取一定比例的基础设施配套费(20%左右),其余收益全部返还给农民。在这种模式下,一是可以有效避免农民的抢种抢建。因为在这种模式下农民的土地征收补偿成本和能分享的土地增值收益分配是紧密联系在一起的,土地征收补偿费用高,农民获得的土地增值收益就少,土地征收补偿费用低,节省下来的增值收益还是属于农民的。这样就可以有效避免农民抢种抢建的现象发生。二是充分体现了农民的土地权利主体地位,农民分享了土地的增值收益,参与积极性很高,可以有效避免征地冲突,政府的征地效率会大大提高。三是政府在保证城市发展建设用地需求的同时,获得了一定比例的基础设施配套资金,可以继续投入基础设施建设,进而形成城镇建设的良性循环,保障城市化的健康发展。

3. 新增建设用地:土地所有权人、耕地保护者、政府共同分享增值收益

对于城市规划区内的新增建设用地来说,在纳入城市规划后,土地的用途可以按照规划进行改变,可以将土地由产出效益较低的农业用途改变为利用效益较高的建设用地,土地的增值收益将大大提高,土地的价值一般可以提高几十甚至上百倍。但是土地的增值收益是由于土地用途的改变而产生的,并不是由土地的所有者或使用者而产生,是国家进行土地用途管制的结果。国家允许土地用途由农用改变为建设用,土地增值收益就大大增加,不允许用途改变土地的增值收益就无法实现,这就涉及土地

的发展权问题。同时,由于新增建设用地一般要占用耕地,在我国严格要求保障粮食安全的背景下,新增建设用地占用耕地又涉及耕地保护者的利益维护问题。当然,根据地租理论,土地的增值也离不开政府对城市基础设施建设、环境治理等进行的投资。因此,根据产权和贡献的土地增值收益分配原则,新增建设用地的土地增值收益应该在土地所有权人、耕地保护者、政府三者之间共同分享。

三、土地征收补偿及收益分配框架

根据以上对公益性建设用地和经营性建设用地征收补偿及土地增值收益分配的分析,笔者构建了土地征收补偿的收益分配框架,具体如图 5-1 所示。公益性建设用地征收,按照土地的法定补偿标准和农民损失的机会成本进行补偿,按照产权原则,土地征收补偿收益全部归土地所有权人所有;经营性建设用地的征收补偿,先按法定补偿标准对土地所有权主体的产权进行补偿,

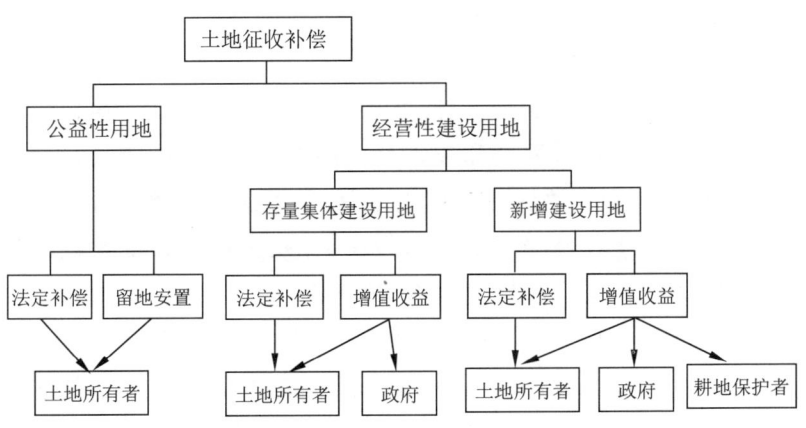

图 5-1 土地征收补偿收益分配框架

然后再按照产权与贡献在不同权利主体之间进行土地增值收益的分配。其中,存量集体建设用地的征收,土地增值收益在政府与土地所有权人之间分配,政府在提取一定的基础设施配套费之后,土地增值收益全部归土地所有权人所有;对于新增建设用地而言,土地的增值收益在土地所有权人、政府、耕地保护者之间进行分配,但是关于三者之间的具体分配模式该怎么确定,我们到第六章再详细讨论。

四、完善土地征收补偿机制的措施

1. 提高农民参与程度,强化农民土地权利主体地位

在征地补偿中要提高被征地农民的参与程度,使农民享有充分的知情权、参与权和决策权,强化农民的土地权利主体地位(王书明等,2012)。可以借鉴海南省三亚市月川村村委会和陵水县大墩村的"农民自主征收"模式,即将土地征收拆迁补偿费进行包干,全部交给被征地集体经济组织或村办公司,由村民自主决策,自己征收和拆迁自己的土地。

传统的征地模式中,地方政府既是征地、补偿、安置等规则的制定者,又是具体的实施主体,而农民则往往处于被动地位。海南省三亚市月川村村委会和陵水县大墩村通过"农民的土地让农民自己征收和拆迁"的模式,把土地征用、房屋拆迁的赔偿款、青苗补助款以及工作经费全部交给农民,让农民由以往的被动参与者变为具体组织者和积极实施者,充分尊重了农民的土地权利主体地位,使农民由被动的"被征地",转变为主动的"要征地",充分调动了农民的积极性,减少了征地矛盾。让农民成为征地的实施者,使被拆迁人和拆迁人成为同一个利益主体,将征地拆迁成本与农民利益捆绑,避免了政府与农民的直接对立,能有效化解征

第五章 征地补偿制度改革：不同权利主体对城市发展红利的共享

地过程中政府、开发商与农民的矛盾冲突。

在传统的征地模式中，土地的征收补偿是村民和政府之间博弈的过程。按照现行的土地征收补偿规定，土地的征收补偿和安置补助费是有最高限度的，且往往是由集体经济组织来统一支配，村民获得的利益有限。但是青苗补偿费和地上附着物补偿费是直接补助到村民手中的，且都是按照实际数量来补偿的，没有最高限额标准。因此，农民为获得更多补偿，一般采取多增加青苗及地上附着物的办法，导致在不少地方政府计划征地的区域频繁出现疯狂的抢建抢种风潮，使得政府征地的行政成本和财务成本大大增加。比如：陵水县黎安镇征地时曾出现一晚上多出1 000个坟墓的离奇事件，仅此一项就多出拆迁成本400万元；三亚海棠湾在之前传统的征地模式下，曾经出现了到处是抢建的房屋和抢种的果树。为此，海棠湾管委会专门成立治理抢建抢种领导小组，进行全面清查处置，但实际情况仍然是边拆、边建，边扒、边种，很难制止，有些地块的征地拆迁补偿给抢种的金额达到450万元/公顷以上，高出土地补偿款的10倍；月川村村委会在短短几年内抢建的违章建筑达到355栋、15万平方米，单宗房屋总面积超过1 000平方米的有19宗，6层及以上的有18宗，最高的楼房建有8层，拥有两宗以上的有8户，按当前当地平均2 200元/平方米的拆迁成本估算，该村因违章建筑增加的拆迁成本高达3亿元。虽然不少地方政府都明文规定："自征地公告发布之日起，抢种抢建的不予补偿"，但在实际执行中非常困难，由此引发的冲突非常激烈。

2. 探索多种补偿安置方式，确保农民长久生计有保障

土地是农民的生活和立命之本，失地农民的后续生活和长久生计问题一定要高度重视，否则会积压社会矛盾，影响社会的稳定。实践证明,传统的单一的货币补偿方式,远不足以达到"被征地农民生活水平不降低、长久生计有保障"的目标。为了实现这一目标,必须采取就业安置、留地安置、产业扶持等多种渠道的安置方式,尽可能让农民分享发展带来的成果和收益,让农民感受到"土地征收带来的福利",才能使农民由"阻止征地"变为"希望被征地",才能减少征地冲突,促进城市化发展顺利进行。

1)留地安置,发展集体产业

留地安置是指地方政府在征地时,除了给予村民和村集体货币补偿外,在符合规划的前提下,按照征地面积的一定比例(一般为10%左右,广东省和浙江省为10%,海南省为8%),返还给村庄的建设用地,用于安置被征地农民。留给村民建设用地的性质,可以是国有建设用地性质,也可以保留集体所有权不变。在留用地上,村集体是可以独立或者与开发商进行合作,从事商业或工业开发,所得收益归村庄集体所有,但一般仍限制进行商品房开发建设。

留地安置中政府的主要投入是政策支持,而不需要投入更多的资金,但作为货币补偿的补充形式,也可节约政府的财政支出,减轻政府的资金压力;通过留用地的开发和经营,可以为集体经济发展提供必要的场所和发展基础,有利于发展壮大集体经济实力,也有利于失地农民的就业和社会稳定。此外,安置留用地一般都处于人多地少、经济发展市场化程度较高的地区,具有良好的区位条件,土地的资产价值十分明显,能有效地弥补法定安置费不足的缺陷,间接提高了对被征地农民的补偿。所以,在经济较发达地区和城乡结合部征地中,留地安置对解决失地农民的长远生计发挥了重要作用,受到了集体和农民的欢迎。

因此,为保障失地农民的长久生计,地方政府在征地时,应建

第五章 征地补偿制度改革:不同权利主体对城市发展红利的共享

立留地安置制度,留一定比例建设用地供农民长期使用,按照规划,由村民组织自主开发和经营,发展有稳定、长远收入的产业。政府在项目资源的配置上要给予支持,将有稳定、持续、较好收益的项目配置给被征地农民。比如:在海南省三亚市月川村村委会的土地拆迁中,为了切实解除失地农民的后顾之忧,真正实现农民长远生计有保障,当地政府在拆迁改造后直接以划拨方式将8.51公顷土地预留给月川村村委会,土地使用权性质为国有土地使用权,用地性质为经营性建设用地。村委会用这块地建起了酒店、市场等经营性物业设施,所有物业只租不售,出租所得按照村民股份由全村人平分。月川村村民除了享有股息和红利外,也可以到本地的酒店工作,每个月获得固定收入。村民人均收入13 000元,人均固定资产达70多万元,2010年,月川村村委会每年集体经济收入1 000多万元。陵水县大墩村利用留用地创办了集体企业,仅环保砖厂和混凝土搅拌站就解决了100多名村民的就业,每年可创利近3 500万元,村民每月能领到2 000~3 000元的工资。

2)就业安置,促进农民向城市居民转化

土地对于农民来说,是一种可持续生计。农民失去了土地,就意味着失去了基本的生存条件,因此,能够进入非农产业就业是其最佳选择。因此,当农民失地后,要积极引导失地农民向城市居民转变,要引导和教育失地农民转变观念,提高自谋职业的能力和自觉性,积极主动地参与市场化就业。要加强对失地农民的就业培训,采取多渠道、多途径的方式促进失地农民再就业。要鼓励失地农民自主创业,加强对失地农民的创业引导、培训和支持。对失地农民从事个体经营、自主创业的,要参照鼓励城镇失业人员再就业的政策,在税收、工商等方面给予政策优惠,适当减免创业人员营业税、所得税、管理费等。对自主创业资金有困难的失地农民,要提供小额贷款给予帮助扶持。

比如在海南省陵水县,为了让被征地农民尽可能充分就业,县政府除了要求村办企业和项目建设中的就业岗位要优先吸纳被征地农民外,还将被征地农民全部纳入全县就业培训体系,并明确规定每个新的建设项目吸纳被征地农民就业人数不少于该项目用工人数的30%,每年提供给被征地农民的公益岗位不少于全县年度新增公益就业岗位总数的30%。据报道,2010年上半年,陵水县失地农民再就业培训共开班13次,培训4 000多人,其中1 290人成功就业,多数是失地农民子女。

3.政府承担所有保费,提高保险质量

失地农民的基本养老保险全部由政府解决,减轻失地农民生活和资金压力。在现行失地农民社会保障资金由政府承担一部分、集体分担一部分、农民自行筹集一部分的制度下,由于土地征收补偿费普遍较低,集体经济组织和个人资金压力较大,参保积极性较低,参保意愿薄弱,建议在现有标准的基础上,失地农民基本养老保险费用全部由政府承担。一是切实保障农民权益,减轻失地农民生活和资金压力。二是可以借以提高征地成本,有效遏制政府肆意征地的冲动。

在参保范围方面,推行"逢征必保"。只要是征地涉及的农民,一律纳入失地农民社会保障体系(王世联,2008)。对于已经具备纳入社会保障体系的失地农民,要及时转入失地农民社会保障体系;对于暂时不具备条件完全纳入社会保障体系的被征地农民,要按照失地的比例为被征地农民配套社会保障资金,由农民自主选择是否自行补足参保费用,或者先建立一些保障水平低的社会保障制度,逐步扩大覆盖面,提高保障标准。

采取城镇社保和养老保险相结合的方式,降低失地农民生活

第五章 征地补偿制度改革：不同权利主体对城市发展红利的共享

风险。对于失地农民,他们最渴望的并不是养老保险,而是失地之后的基本生活保障。因此,建议采用基本生活保障和养老保险相结合的保障形式。对于即将达到或已经达到养老标准的困难老人,采取纳入基本养老保险方式;对于尚达不到养老标准的失地农民,政府应将其纳入城镇社会保障体系,享受与城镇市民同等的社保待遇,降低失地农民的失业及生活风险。只有这样,才能真正解除被征地农民的后顾之忧,才能真正做到失地农民长久生计有保障。

目前,大量失地农民由于无法取得城镇户口,而无法享受城镇社会保障,处在不完全城镇化状态。解决好失地农民问题,关键是实现失地农民市民化。一方面,要使土地征收与失地农民市民化相挂钩,缓解人地矛盾的紧张局面。另一方面,要为失地农民市民化提供政策支持和便利,要在失地农民方面首先推进户籍制度改革,允许失地农民顺利转为城镇居民,从制度上保证他们在就业、医疗、养老、子女教育等方面享有与市民同等的待遇。

4. 合理分配土地增值收益,确保农民权益

农村土地经过征收变为国有建设用地后,其出让价值往往增长几十甚至上百倍,其价值产生差异的原因主要是城乡二元土地制度差异造成的,特别是从农村集体建设用地与国有建设用地之间的差异上可以清楚地看到这种差异。由集体建设用地转为国有建设用地之后,只是所有权主体发生变化,就导致了土地价值的巨大增长,显然是由于城乡二元土地权利的不对等造成的。土地增值的全部收益被政府拿走,其实是对农村土地权利的忽视、漠视,因此,农民理应参与分配土地的增值收益(姜和忠,2011)。

在集体建设用地增值收益方面,可以采取以下两种方式进行。一是土地增值收益除去政府需要承担的基础设施建设配套

费用外，其余增值收益全部返还给农民（谭荣等，2004）。二是应该赋予农村建设用地进入市场的权利，不管城市规划区内还是城市规划区外，都应允许集体建设用地的存在，允许集体建设用地可以同国有建设用地一样出让其使用权，土地增值收益全部归农民所有，政府按规定收取土地流转及开发建设相关税费。

第四节 小 结

当前的土地征收补偿模式一直受到社会各界的诟病，究其原因是政府在征地实施中多以强制的方式进行，农民的知情权、参与权、决策权得不到充分保障，土地权利主体地位没有得到应有的尊重和体现，没能分享城市化带来的土地增值收益；政府没有在充分保障农民土地发展权的同时拿走了农民的土地增值收益。海南省三亚市和陵水县进行的"农民自主拆迁、还利于民"模式，提高了农民在征地中的参与度，让农民分享了城市化发展带来的红利，激发了农民参与征地的主动性和积极性，有效解决了征地冲突，为土地征收补偿制度改革提供了有益的借鉴。

农民的财产权要保护，国家的公共利益亦不能不管不顾，所以既然要征收，就要给农民一个合理的补偿。公益性用地项目的土地征收，由于建设项目的公益性，土地的市场价值难以衡量，宜从机会成本的角度来确定补偿标准，即农民失去土地所损失的机会成本。对农民的补偿可以采取留地安置，以留用地的经营开发或流转来弥补农民的损失，保障农民土地权益的同时减轻政府资金压力；经营性建设用地由于市场价格明显，土地征收补偿标准要以市场定价为依据，并根据产权和贡献，在政府与农民之间合理分配土地增值收益。

第六章

构建土地发展权补偿机制：共享社会发展的红利

通过国内有关农村土地权利制度改革的实践，可以看出，无论是集体建设用地流转还是土地征收补偿制度改革，受益最大的都是城市规划区内的农民和城市近郊的农民，而远郊农民的土地收益还是无法提高，因为那里的集体建设用地价值不高，土地被征收可能性不大。更甚的是，农民想用自己的承包地进行一些产值较高的非农用途，也要受到国家的严加管制，远郊农民的增收问题面临难题。如何让远郊农民分享社会发展的红利，如何提高农民保护耕地的积极性，是本章要解决的主要问题。

第一节 基于土地发展权的现实思考

土地发展权是对土地在利用上进行再发展的权利。由土地用途的变更和城乡规划的调整而产生的土地增值收益，在不同的利益主体间应当如何分配，才能兼顾效率与公平，是土地管理、城乡规划和经济社会发展等领域的重要课题，也是世界各国普遍面临的棘手问题。土地发展权是从20世纪50年代初开始，在英美法系国家普遍存在的一项重要土地权利形式。土地发展权就是土地开发利用的权利，因土地管制和土地规划而形成，是一种可与土地所有权分割而独立存在的权利,是社会经济发展的产物。

关于集体土地发展权争论的焦点,主要集中在由农用地转为建设用地所产生的增值收益的归属上。事实上,无论农地发展权归国家还是归土地所有者,作为土地所有权及使用权主体的农民,其权益不应该因规划用途的差异而不同。无论集体土地的未来规划用途是基本农田还是经营性建设用地,土地的所有者都应该享有同样的权益,即种粮农民与失地农民均应有权分享土地的增值收益。而现实中,人们考虑更多的是如何维护失地农民权益,而那些被永久性限制为农业用途的种粮农户的权益则往往被忽视(彭文英,2012)。

我国土地管理实行土地用途管制制度,严格限制农用地向建设用地转换,特别是严禁建设占用耕地和基本农田,严禁改变基本农田用途。但是,位于城市规划区范围内的农用地可以转为建设用地进行开发利用。这样,由于土地用途管制的限制,就造成了不同区位农村土地的发展权不同。位于城市规划区外的土地就只能作为农业用途使用,特别是从事粮食生产年净收益每亩每年只有几百元;而位于城市规划区内的土地转化为建设用地之后,土地利用价值就能达到每亩几百甚至上千万元,土地的增值效益可以达到农用地的几十甚至上百倍。这样,就涉及土地的发展权问题。建立土地发展权,使城市规划区外的农民分享规划区内土地因城市化发展带来的增值收益,对规划区外用于粮食种植、保障粮食安全的土地发展权进行补偿,是充分维护农民土地权益,维护社会公平的需要。

我国在以往的农村土地管理中往往采取的是计划经济手段的强制管理,根据土地利用总体规划和城市建设规划强行划定了允许建设区和禁止建设区,进行土地用途管制,允许建设区内的土地可以转变为利用价值较高的建设用地,而农民的土地往往只能作为耕地或基本农田进行严格保护。但是政府在划定土地用途管制分区的过程中又缺少农民的参与,缺乏对农民权益的维护,最终导致在建设用地指标的安排上往往严重偏向了城市的发展而忽视了农村的发展。农民的土地被限定在利用价值较低的农用地用途,就失去了发展的权利。因此,农民保护耕地是要付出一定代价的,如果政府不支付这个代价,在市场化机制的运行下,在经济利益的驱使下,农民就会铤而走险,就会利用市场化手段实现自己的权利。由市场产生的问题只能用市场手段去解决,靠强制的行政手段并不能奏效。在我国最严格的耕地保护制度下,在农村仍出现了大量的"小产权房"等违法占用耕地进行非农建设的事实就证明了这一点。因此,如果要想让农民保护好耕地,就必须对农民进行补偿,以弥补农民土地发展权受限所遭受的损失。

第二节　农村土地发展权构建的路径与模式

关于集体土地发展权争论的焦点,主要集中在由农用地转为建设用地所产生的增值收益的归属上,而土地增值收益最大的区域位于城市规划区内,因为政府对基础设施的投资具有向城市规划区内集中的偏向。由此,我们就先从城市规划区内土地增值收益的分配作为切入点进行分析。

一、构建农村土地发展权的路径思考

1. 土地发展权补偿的对象

集体土地发展权主要集中在由农用地转为建设用地所产生

的增值收益的归属上,农用地转为建设用地又是由规划用途管制导致的,那就从规划用途管制方面进行分析。根据城市发展规划和土地利用总体规划,城市规划范围内的农用地能够转变为建设用地,能够产生增值收益,而城市规划范围之外的农用地不能转换为建设用地,需要作为耕地或划定为基本农田进行保护,维护国家粮食安全。这样,土地发展权涉及的两个主体就清楚了,一个是发展权的受益者——规划区内的农民,一个是土地发展权的受限者——规划区外的农民。

2. 土地发展权补偿的资金

土地发展权的不公是由于规划用途的不同而导致的土地增值收益不同产生的,那就从土地增值收益上来解决。如果让限制土地发展权的农民(规划区外的农民)分享了规划区内土地的增值收益,那就解决了土地发展权补偿资金来源的问题。那么城市土地的增值收益资金怎么才能分配到规划区外保护耕地的农民手里呢?让政府直接将城市土地的增值收益拿出来分享给农民,政府分享的动力从哪里来?怎么实现分配?要解决这些问题,就要构建一个实现的路径。

3. 土地发展权补偿构建的路径

确定了土地发展权补偿的两个主体之后,怎么建立二者之间的关系呢?在这方面,成都和重庆的地票交易为我们提供了实现的路径。在地票交易的基础上,如果规定所有的城市新增建设用地必须获得等量的农村集体建设用地整理指标才能使用,城市的发展建设空间必须由农村来提供,城市土地的增值收益就不得不拿出来一部分供农村分享;农村要分享城市化发展带来的土地增值收益就不得不节约集约利用集体建设用地,这样就将农村与城市形成了一个利益共同体。如果在地票产生价值的基础上,再附

第六章　构建土地发展权补偿机制:共享社会发展的红利

加一个对地票产生区域农用地发展权的补偿,然后政府制定补偿标准的最低保护价,那么在保障城市发展、促进农村集体建设用地节约集约利用、有效保护耕地的同时,就实现了对农村土地发展权的补偿。只要政府加以适当引导,在地票交易的基础上,政府只需在做出城乡统筹的土地规划后,为这种建设用地指标交易提供交易平台、政策引导、信息服务和法律保护,依靠市场机制就可以实现城乡共同分享城市化带来土地增值收益的局面,从而实现对农村土地发展权的补偿。

二、构建的必要性与可行性分析

首先,从规划范围内城镇扩张所需要的新增建设用地方面分析。根据国家统计局的数据,2013年末,中国内地总人口为13.61亿人,城镇化率达到了53.7%。根据国务院发展研究中心研究,中国城镇化水平的峰值在70%～75%之间,若我国城镇化水平达到峰值,城镇常住人口还要增加3亿人左右,按照每平方千米容纳1万人的城镇规模计算,还需要增加城镇建设用地3万平方千米。若全部靠新增建设用地来解决,不可避免要占用大量耕地,18亿亩耕地红线的保护目标将难以实现。据统计,1986—2010年,我国建设占用耕地数量共计4.36万平方千米,平均每年有0.17万平方千米的耕地转为建设用地(邓荣荣等,2012)。但我国人多地少的特殊国情决定必须实行最严格的耕地保护制度,确保粮食安全。特别是党的十八届三中全会之后,为扭转城市周边高产良田被钢筋水泥加剧圈占的局面,中央要求东部三大城市群发展要以盘活土地存量为主,今后将逐步调减东部地区新增建设用地供应,除生活用地外,原则上不再安排500万人口以上特大城市新增建设用地。在这种背景下,就形成了城镇建设发展需要大量占用土地与耕地保护之间的一对矛盾,城市发展用地怎么保障是今后面临的难题,城市建设扩张存在用地紧张的困境。

其次,从规划范围外农村集体建设用地利用现状着手分析。我国农村集体建设用地面积巨大,现实中利用比较粗放,特别是随着我国城镇化和工业化的发展,大量农村人口涌向城镇,农村居民点长期闲置,出现了典型的农村空心化现象,农村集体建设用地盘活利用的潜力很大。这样就形成了城镇发展建设无地可用,大量农村集体建设用地闲置浪费无处可用的一对矛盾,如果将二者结合起来,就能实现双赢。据统计,目前全国农村集体建设用地面积约16.8万平方千米,大约是城市建设用地的4.8倍,如果能将农村集体建设用地的一半(根据全国各地城乡建设用地增减挂钩的实践,通过农村居民点统一整治,节约用地潜力可达到50%以上)拿来用于发展城市建设,那么我国城镇建设规模将可以再扩大8.4万平方千米,完全可以满足我国城镇化发展的需要。以海南省为例,2011年海南省农村居民点面积1 189平方千米,城市用地面积226平方千米,农村居民点面积是城市用地面积的5.25倍。人均农村居民点用地面积211.80平方米/人(表6-1),如果通过统一整治后按照户均宅基地占地面积不超过200平方米/户(海南省规定农村宅基地户均面积不超过175平方米,加上基础设施用地,户均占地面积一般不超过200平方米)的标准计算,将可节约出建设用地70%左右,如果将节约出的农村集体建设用地入市,可以使城市规模扩大3.7倍。在这种背景下,加上我国人多地少、严格保护耕地、建设用地不能无限扩张的特殊国情,在保证建设用地总量不增加的基础上,盘活农村集体建设用地,支持城镇发展建设,是我国城镇化健康发展的必然选择。

第六章 构建土地发展权补偿机制:共享社会发展的红利

表6-1 2011年海南省城乡建设用地面积统计分析表

行政单位	城市用地（公顷）	建制镇用地（公顷）	农村居民点用地（公顷）	人均农村居民点面积（平方千米）
海南省	22 648.65	58 195.87	118 946.64	211.80
海口市	11 636.51	9 932.17	11 253.40	173.61
三亚市	2 852.17	3 231.94	4 535.75	157.15
五指山市	576.43	500.71	828.38	136.64
文昌市	1 478.77	2 867.47	25 483.83	539.62
琼海市	2 044.47	2 029.71	10 875.62	310.36
万宁市	552.71	1 810.48	10 443.36	244.01
定安县	0.00	2 212.96	5 576.30	229.67
屯昌县	0.00	2 477.12	3 663.90	182.39
澄迈县	0.00	6 225.53	7 214.13	193.20
临高县	0.00	2 975.77	6 304.95	178.58
儋州市	2 125.86	10 520.77	8 747.71	128.16
白沙县	0.00	1 002.65	2 416.13	201.32
昌江县	0.00	2 645.66	1 723.32	99.05
东方市	1 381.73	2 619.08	4 413.41	131.21
乐东县	0.00	2 434.36	6 233.59	158.99
陵水县	0.00	2 152.64	5 582.42	200.74
保亭县	0.00	829.69	2 098.02	226.70
琼中县	0.00	1 727.16	1 552.42	127.01

资料来源:海南省2011年土地变更数据。

最后，从集体建设用地与耕地的关联度进行分析。我国农村居民点和农用地分布的特点是居民点和农用地相互交错、相互联系。我国农村宅基地实行一户一宅，农用地实行家庭承包责任制，农村宅基地的户与农地承包责任制的家庭是一对一的对应关系，这样农村居民点与农用地之间基本上可以建立起一种一一对应的关系，就可以将农村居民点与农用地捆绑起来，建立一个利益共同体。

如果三方面的因素结合起来，就为建立农村土地发展权提供了可能，即可以通过对农村集体建设用地的补偿来间接实现对农村耕地的补偿，而对农村集体建设用地的补偿则可以通过分享城市新增建设用地出让收益来实现；农民获得补偿的代价就是减少集体建设用地，为城市发展提供新增建设用地指标，城市土地使用权人支付对价的动力就是必须凭农村节约集约出来的集体建设用地指标才能获得发展的空间。

三、农村土地发展权构建模式

若规定凡是城镇规划范围内的新增建设用地指标必须通过复垦农村集体建设用地进行解决，且获得指标的价格必须包含对农村土地发展权的补偿，这样就可以建立一个城市发展建设用地扩张、农村闲置建设用地减少、农村土地发展权补偿的良性发展机制。这样既可以有效保障城镇化发展所需要的建设用地需求，又可以盘活集体存量闲置建设用地，减少城镇扩张对耕地保护的压力，亦可以实现对农村土地发展权的补偿，有效保障粮食安全。

在城镇规划区内新增建设用地增值收益的分配上，要兼顾规划区内土地所有者、规划区外新增建设用地指标的提供者和规划区外耕地保护者的利益，特别要体现对规划区外耕地保护者土地发展权的补偿。在实际操作中,可以借鉴成都和重庆的地票交易模式,先将农村居民点等农村集体建设用地进行统一整治,腾退出建设用地指标,然后以地票的形式在农村土地交易市场进行公开交易,但地票的价格构成除了农村集体建设用地整治所产生的拆迁、复垦、安置成本等之外,还要加上农村集体建设用地所对应农用地的发展权补偿。具体农用地发展权的补偿数额,政府可以根据不同区域城镇扩张面积与农村集体建设用地整治潜力、农用地与农村集体建设用地之间比例、社会保障水平、土地出让价格等因素进行综合考虑,制定政府指导价。通过城镇规划范围内新增建设用地与农村集体建设用地之间点对点的补偿,农村集体建设用地与农用地之间点与面之间的联系,间接实现对农地发展权的补偿和保护,促进城乡统筹发展。农村土地发展权补偿模式见图6-1。

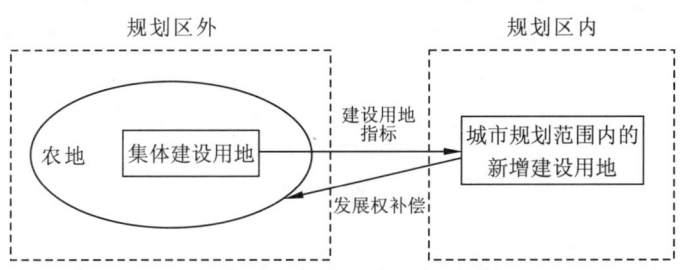

图6-1 农村土地发展权补偿模式构建

四、基于地租理论的土地发展权补偿分配方案

土地质量差别即土地的肥沃程度导致的土地级差地租主要是针对农用地而言,对于农用地转为建设用地使用的情况下,土地的肥沃程度并不影响建设用地的地租。影响建设用地地租的

主要因素是区位、规划用途及基础设施状况。因此,对于城市规划范围内的新增建设用地来说,根据地租理论,又可将级差地租Ⅰ细分为由于位置不同而产生的地租和因用途变更而产生的地租;级差地租Ⅱ的大小主要由政府配套基础服务设施的程度决定。由此就形成了规划区内新增建设用地由农用地转为建设用地之后的地租构成,主要包括由土地所有权而产生的绝对地租,由土地位置差别和用途变更而产生的级差地租Ⅰ,由政府投资而产生的级差地租Ⅱ。新增建设用地地租构成见图6-2。

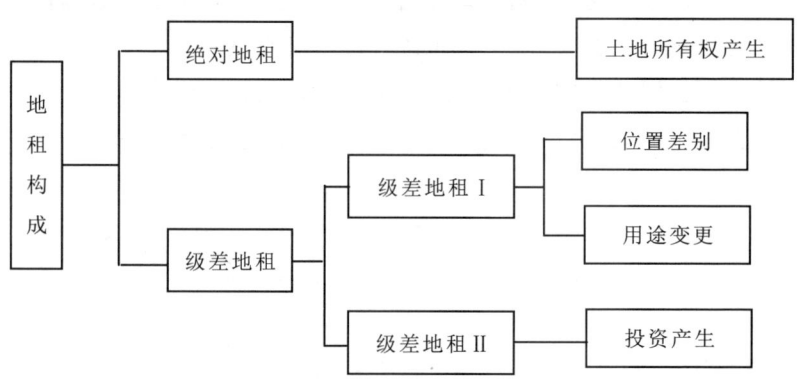

图6-2 规划区内新增建设用地地租构成分析

因此,根据地租的构成,结合土地发展权的补偿对象,也就确定了新增建设用地地租的分配主体,一个是土地所有者,一个是发展权受限者,再一个就是政府。

根据目前的土地征收补偿政策,土地的绝对地租可以看作是土地的征收补偿价格。按照现行的土地征收补偿标准,土地征收补偿价格按照土地的现状用途,根据土地年产值的一定倍数进行补偿。而级差地租Ⅰ和级差地租Ⅱ就可以看作是土地的增值收益,也就是政府在土地出让之后扣除对农民的土地征收补偿之后的净收益。

1. 绝对地租的分配

根据马克思的地租理论,绝对地租是指土地所有者凭借土地所有权垄断所取得的地租,应归土地所有者享有。对于城市规划区内的新增建设用地来说,农民集体拥有土地所有权,拥有土地所有权的农民集体应该是绝对地租的享有者,绝对地租的具体体现就是对农村土地的征收补偿收益。

2. 级差地租的分配

级差地租Ⅰ产生的一个原因是土地的区位差别,规划区内的农民作为土地的所有者,世世代代在此生活和居住,享有土地区位优势带来的便利,应占有由土地位置差异带来的级差地租Ⅰ。

而对于因规划用途差异而产生的级差地租Ⅰ,则是由我国的土地用途管制造成的。根据本章第二节所设计的土地发展权补偿路径和模式,城市规划区内的新增建设用地用途改变的前提是获得规划区外农村集体建设用地复垦的指标,也就是说规划区外集体建设用地复垦的农民为规划区内土地用途的改变提供了条件,因此,由规划用途变化导致的级差地租Ⅰ应该归规划区外建设用地指标的提供者(同时也是土地发展权的受限者)所享有。

对于级差地租Ⅱ,它的产生是由于对土地进行的资本投入而产生的。对于城市规划区内的建设用地而言,土地的投资主要是由政府来完成的,具体表现就是政府在道路、供水、排水、电力、通讯等基础设施方面的投资和在学校、医院、公园、绿地等服务设施方面的投资(苟兴朝,2012)。也就是说,级差地租Ⅱ主要是由于政府对土地周边基础服务设施、环境等的投入而产生的,因此,政府应该获得级差地租Ⅱ。

由此,就建立了基于地租理论的土地发展权补偿分配框架:规划区内的土地所有者享有绝对地租和由于位置差别产生的部分级差地租Ⅰ,规划区外提供建设用地指标的农民即土地发展权的受限者享有由于规划用途变更而产生的部分级差地租Ⅰ,政府则享有级差地租Ⅱ,具体详见图6-3。

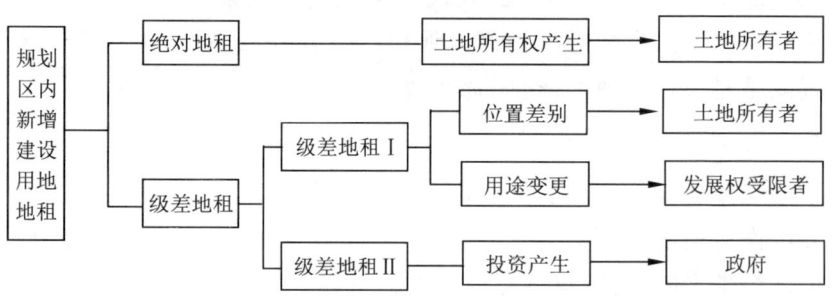

图6-3 基于地租理论土地发展权补偿分配框架

在地租的具体分配方面,根据各方对土地增值收益的贡献,可以确定规划区内新增建设用地地租的分配模式:对于绝对地租而言,可以按照土地的征收补偿价格进行确定;对于政府所得的级差地租Ⅱ可以通过税费的方式收取,或者按照一定的比例收取,比如三亚市提取20%的基础设施配套费;除去绝对地租和级差地租Ⅱ之后剩余的就是级差地租Ⅰ。由位置差别和用途变更而产生的级差地租Ⅰ,对二者之间分配比例的确定,可以根据贡献原则按照1∶1的比例进行分配。

第六章　构建土地发展权补偿机制：共享社会发展的红利

第三节　农村土地发展权构建的总体框架

一、构建农村土地发展权全域覆盖模式的思考

通过以上分析可以看出，基于城市规划区内新增建设用地增值收益分配基础上的农村土地发展权模式，构建的路径是通过农村集体建设用地指标的转移，实现了规划区外农民分享规划区内土地增值收益的模式，实际上只是实现了对远郊地区农村土地发展权的补偿，但是这种模式对于近郊区来说并不适用，因为如果近郊区的农民利用集体建设用地自主开发或直接入市流转，则可以获得更大的收益。也就是说，对于近郊地区的农民来说，农用地转为建设用地的发展权还是无法得到补偿，农用地转为建设用地的冲突还是无法避免。因此，如何对近郊地区农民土地的发展权进行补偿，值得进一步分析。

对于农民土地发展权全域覆盖模式的建立，可以借鉴留地安置的补偿模式，即为农民配置一定的规划新增建设用地，改变以往规划新增建设用地只注重保障城市建设、忽略农村发展的不公，将一定比例的规划新增建设用地配置给农民。农民可以通过规划新增建设用地的自主开发利用或流转实现土地的增值，进而弥补土地发展权受限所遭受的损失。但同时，在现实操作中近郊和远郊的边界很难区分，建设用地的价值高低也很难以区位简单进行衡量，因此，只有将规划新增建设用地指标配置到所有农村（能覆盖所有农民的中心村）才能保证公平，才能实现对所有农民的发展权补偿。此外，为了保证所配置规划新增建设用地的价值，还要建立规划新增建设用地指标的市场化转让机制，如果局

部农民的规划新增建设用地指标有盈余或者自用价值不高,那么农民也可以将规划新增建设用地指标有偿转让给价值较高的区域,通过规划新增建设用地指标的资本化,实现土地发展权的补偿收益。

二、农村土地发展权构建的总体框架

1. 构建城乡统一的土地交易市场,让农民存量集体建设用地资本化。允许存量集体建设用地直接上市流转和交易,赋予农村集体建设用地完整的土地权利,显现农村集体建设用地市场价值。通过农村集体建设用地流转,将农村土地资源转化为资产,增加农民资产收入,提高农民生活水平和质量(图6-4)。

2. 做好规划,控制好新增建设用地。根据社会经济发展水平,合理确定城市建设用地规模和村镇建设用地规模,做好城乡建设规划。通过严格的规划管理,控制好新增建设用地和建设用地总量,规划一旦确定,严格禁止规划的修改和变更。

3. 以新增建设用地增值收益分配为主线,以城乡建设用地增减挂钩为途径,以农村集体建设用地与农用地之间的联系为纽带,构建农村土地发展权,通过规划新增建设用地的配置和新增建设用地增值收益的分配,建立城乡共同分享城市土地增值收益的机制和农地发展权补偿机制。

构建农村土地发展权补偿机制中的几个关键问题:

(1) 不再增加城市规划新增建设用地指标。城市规划一旦确定,在现有城市发展规模边界确定的基础上,不再做城市规模边界的扩张,即不再增加城市规划新增建设用地指标(以下简称"规划指标")。

(2) 在城市规划区内,除公益性建设用地外,不再下达年度新

第六章　构建土地发展权补偿机制：共享社会发展的红利

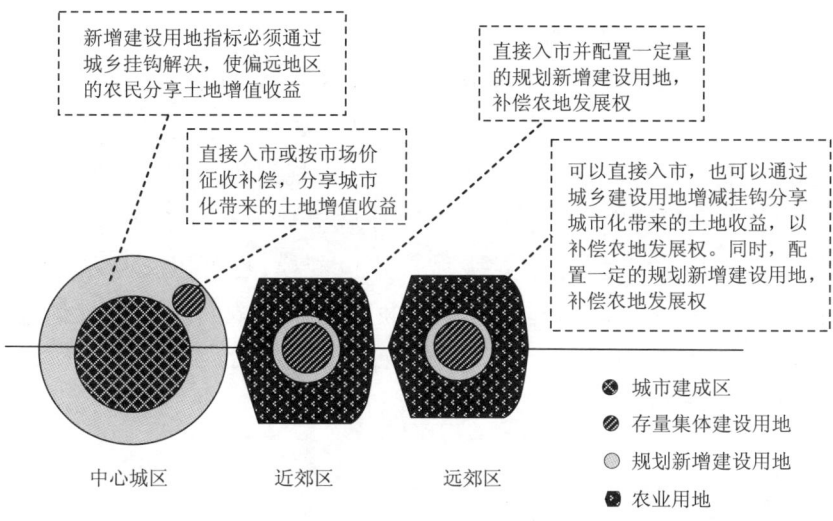

图 6-4　农村土地发展权构建的总体框架

增建设用地指标（即农用地和未利用地转为建设用地的指标，以下简称"转用指标"），所有城市新增建设用地转用指标都要通过城乡建设用地增减挂钩来解决，以此来建立农村分享城市土地增值收益的必然联系，使得城市为了发展就不得不将一部分土地增值收益拿出来与保护耕地的远郊农民进行分享。但是由于公益性建设用地无法直接产生土地增值收益，仍然要靠国家下达的年度新增建设用地指标来解决。

（3）为农村配置规划指标。尽快开展村镇建设规划，根据村镇建设规划为农村配置规划新增建设用地指标，作为对农民保护耕地的补偿，以实物形式来弥补农民土地发展权受限的损失，进而建立全覆盖的农地发展权补偿机制。规划指标配制的数量可以根据不同农村耕地和基本农田面积的一定比例进行确定。对于发展较快、农村集体建设用地需求比较强烈的地区要尽快根据村镇建设规划将规划指标落地，而对于偏远地区发展较慢、集体建设用地需求不旺盛的地区可以只配置指标但暂不落地。

(4) 建立规划指标的有偿转让机制。如果部分地区农民的规划指标利用价值不高或规划指标有盈余，规划指标则可以在市场上有偿交易，可以交易给城市以弥补城市规划指标有限、城市发展空间不足的问题，进而扩大城市建设规模；也可以交易给近郊社会经济发展较快、集体建设用地价值较大的农村。通过规划指标的有偿转让，使农民的规划指标即土地发展权补偿能够变现，实现对农民土地发展权补偿的市场价值。

第四节 建立土地发展权补偿的保障措施

一、制定政策，积极引导

在我国人多地少的基本国情下，面对城市建设用地日益紧张、大量农村集体建设用地闲置浪费利用效率不高、耕地保护形势日趋严峻的现状，政府要尽快出台基于城乡建设用地增减挂钩模式的土地发展权补偿政策措施，规定城市规划区内的所有新增建设用地指标必须由城乡建设用地增减挂钩来解决，并积极宣传土地发展权补偿的重要意义，引导城市规划区内和规划区外的农民积极参与。

二、严格用途管制，保护耕地

建立土地发展权的前提是继续土地用途管制，如果没有土地用途管制，那么也就没有了建立土地发展权的必要。在世界其他国家,也都建立了土地用途管制制度,限制耕地随意转为建设用地。在我国人多地少的基本国情下,人地关系矛盾比较突出,为了保证粮食安全,18亿亩耕地红线不能突破,土地用途管制要严格坚持。从另一方面来讲,只有坚持了土地用途管制,限制了建设用地的量,根据价格供求规律,建设用地的价值才能提高,农民的土地发展权才能更好地转化为资本。

三、在规划新增建设用地指标上向农村倾斜

改变以往规划只注重城市建设,忽视农村发展的现状,按区域全部规划建设用地的一定比例或者农村农用地面积的一定比例为农村配制新增建设用地指标,以补偿农村土地的发展权。同时,加快乡村规划的编制工作,建立合理的农村集体建设用地利用模式,加大农村集体建设用地的节约集约利用水平,提高土地利用效率。

四、农民主导,政府加大扶持

在建设用地指标的筹集上,要减少政府的参与和干涉,充分尊重农民的土地权利主体地位,由农民自主进行农村集体建设用地的复垦和整理。在农民自主进行拆迁整理的情况下,土地的拆迁、新建安置成本,节约集体建设用地指标的收益等都由农民自己控制和掌握。农民拥有充分的自主权和决策权,既可以减少拆迁安置过程中的冲突,减少运作成本,又可以减少政府和企业与农民争利的行为发生,大大提高收益。

同时,为了解决农民资金不足的问题,政府要采取配套农村集体建设用地整治专项基金,向农民提供政策性贷款、贷款利息补贴等多种方式,支持农民推动集体建设用地整理工作。

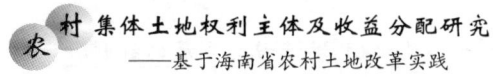

五、政府充分让利，确保农民收益

在规划区内新增建设用地的收益上，政府要充分让利，按照土地发展权补偿分配的构建模式，在扣除交易税费或者提取一定比例的基础设施配套资金之后，将全部土地出让收益返还给农民，并做好在土地所有者和指标提供者即土地发展权受限者之间的分配。政府要积极开展土地交易税费改革，建立农村土地交易税费制度，减少对农村土地流转收益的直接分成和干预。

第五节 小 结

通过国内各地农村土地权利制度改革的实践我们可以看出，无论是集体建设用地流转还是土地征收补偿制度改革，受益最大的都是城市规划区内的农民和城市近郊的农民，而远郊农民的土地收益还是无法提高。建立土地发展权补偿制度，让规划区外的农民分享城市发展带来的土地增值收益，对于维护农民土地权益，促进耕地保护具有重要意义。

在我国人多地少的基本国情下，城市建设用地紧张和农村大量集体建设用地闲置浪费的现状为农村土地发展权模式的改革提供了必要性和可能性。同时，我国农村集体建设用地与农用地之间的紧密联系为农村土地发展权补偿的实现提供了可能，即以新增建设用地增值收益分配为主线，以城乡建设用地增减挂钩为途径，以农村集体建设用地与农用地之间的联系为纽带，使规划区外农民分享城市化带来的土地增值收益，建立一个城市发展建设用地扩张、农村低效闲置建设用地减少、农村土地发展权补偿的良性机制。本章根据地租理论，结合各方对土地增值的贡献，

第六章 构建土地发展权补偿机制:共享社会发展的红利

确立了新增建设用地增值收益的分配模式,即将绝对地租按照土地的征收补偿价格补偿给规划区内的土地所有者;政府以收取土地交易税费或提起一定比例基础设施配套资金的形式分享级差地租Ⅱ;除去绝对地租和级差地租Ⅱ之后剩余的级差地租Ⅰ,在规划区内土地所有者与规划区外建设用地指标提供者之间按照1∶1的比例进行分配。

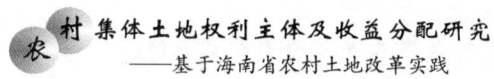
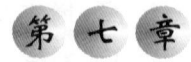

第七章 结论及展望

第一节 主要结论

(1)为解决目前集体土地权利主体缺位、农民的成员权益不清等问题,要根据不同农村的具体情况对农村集体经济组织进行改造。一种是村民仍以自主农业生产为主的集体,进行合作社法人改造;一种是对于涉及大量流动资产、固定资产,且大多数农民已经进入第二、第三产业,不再以务农为主的农村集体,进行股份制法人改造。通过对集体土地权利主体进行法人改造,明晰农民成员权益,将集体经济组织改造为市场化的法人主体。

为解决保障农民成员权益与集体成员之间不断变化的矛盾,在市场经济的潮流下,集体成员权益的保障要以效率为主,尽量在一个时点将集体成员资格和农民土地权利固化,然后实行"生不增,死不减",并允许土地权利的有偿转让,对新增人口等特殊人员的权益保障,充分发挥"家庭承包经营"的制度优势,靠家庭内部消化来解决,即将"效率交给市场,公平交给家庭"。

(2)不同劳动力类型对土地租金的需求不同。青壮年劳动力进城务工可以获得更高的收入,从事农业经营的机会成本较高,对农地的依赖性较低,对土地租金的需求较低。留守农村劳动力主要靠农业经营维持生计,流转土地的机会成本较高,他们对租金的需求较高,由此就形成了不同劳动力类型对租金需求的差别化曲线。由于留守劳动力对土地租金的需求较高且掌握着大部分农地经营权,进而导致了土地规模化租金水平的整体提高。规模经营者所承担的土地租金较高,土地规模经营收益大多流向了分散的土地承包经营权人,规模经营者收益无法提高,但政府对规模经营的政策补贴又维持了这种不健康的租赁关系。

建立农民土地承包经营权退出机制,即政府鼓励农民退出土地承包经营权,对退出的农民进行离农补贴和政策支持,然后将退出的土地转移给规模经营者,使规模经营者靠自主经营实现增收,解除政府对土地规模经营长久持续补贴的压力,建立农业可持续发展长效机制。同时,不同劳动力类型对土地的依赖程度和对土地租金的不同需求,为实现农民退出提供了突破口,即优先进行"新生代"农民工的退出和转移。

(3)当前农村集体经营性建设用地之间尚无明确的界定,可以采取将农村宅基地"先整治集中,再流转使用"的转换模式,即通过农村宅基地统一整治,结合村镇规划的控制,实现农村宅基地与集体经营性建设用地之间的分离与转换。在农村集体建设用地流转方面,要赋予农村集体建设用地完整权能,允许集体建设用地自由交易,实现"两种权利,一个市场",使农村集体建设用地资产化。同时,为解决偏远地区农民集体建设用地价值不高、农民收益有限的问题,要积极发挥城乡建设用地增减挂钩的创新机制,使偏远地区的农民分享城市化带来的红利。此外,要继续深化城乡建设用地增减挂钩的内涵,在保持集体建设用地面积不增加的前提下,允许集体建设用地与农用地之间的位置互换,解决农村集体建设用地位置分散、面积较小、与耕地和基本农田相互穿插、利用困难的局面,促进集体建设用地集中和规模利用。

农村集体建设用地流转从本质上而言是福利的再分配,说到底是不同的参与主体资本化其拥有的权利所能获得的收益。从产权角度分析,农民作为集体建设用地的产权主体应该享有土地的增值收益。从地租理论角度分析,政府应该享有基础设施投资对土地产生的增值收益即级差地租Ⅱ。因此,集体建设用地增值收益应该在农民集体与政府之间进行分配。根据拉弗曲线理论税率对税收的影响分析,政府的分配比例不宜过高,否则可能会抑制集体建设用地的交易,导致私下隐形交易重现。从构建城乡统一的土地交易市场,逐步实现集体与国有土地"同地、同价、同权"的政策设计目标来看,集体建设用地应该按照国有土地流转的标准缴纳税费,实现"权利与义务对等"。此外,为了集体公益事业发展和集体的壮大,集体建设用地流转收益应该提取一定的比例专款用于本集体经济组织的养老、医疗和失业保险等社会保障项目、农村公益事业以及集体的再发展,然后再将剩余收益在集体成员内部进行平均分配,确保集体成员权益。

(4)当前征地制度存在的主要问题是强制拆迁,农民的知情权、参与权、决策权得不到有效保障,农民土地权利主体地位没有得到充分尊重和体现,政府在忽视农民土地发展权的同时拿走了农民的土地增值收益。海南省"农民自主拆迁"的模式,提高了农民在征地中的参与度,激发了农民参与征地的主动性和积极性,有效解决了征地冲突,值得借鉴。在土地的征收补偿中,农民的财产权要保护,国家的公共利益亦不能不管不顾,但是既然要征收,就要给农民一个合理的补偿。公益性用地项目的土地征收,土地的市场价值难以衡量,宜从机会成本的角度来确定补偿标准(即农民失去土地所损失的机会成本),而对农民的补偿可以采取留地安置方式,以留用地的增值效益来弥补农民的损失,保障农民土地权益的同时减轻政府资金压力;经营性建设用地由于市场价格明显,土地征收补偿标准要以市场定价为依据,并根据产权和贡献,在政府与农民之间合理分配土地增值收益。

(5)通过各地农村土地权利制度改革的实践我们可以看出,无论是集体建设用地流转还是土地征收补偿制度改革,受益最大的都是城市规划区内的农民和城市近郊的农民,而远郊农民的土地收益还是无法提高。因此,建立土地发展权补偿制度,让规划区外的农民分享城市发展带来的土地增值收益,对于维护农民土地权益,促进耕地保护具有重要意义。在我国人多地少的基本国情下,城市建设用地紧张和农村大量集体建设用地闲置浪费的现状为农村土地发展权模式的改革提供了必要性和可能性。同时,我国农村集体建设用地与农用地之间的紧密联系为农村土地发展权补偿的实现提供了可能,即以新增建设用地增值收益分配为主线,以城乡建设用地增减挂钩为途径,以农村集体建设用地与农用地之间的联系为纽带,使规划区外农民分享城市化带来的土地增值收益,建立一个城市发展建设用地扩张、农村低效闲置建设用地减少、农村土地发展权补偿的良性机制。

第二节　政策建议

随着我国社会经济的发展和市场经济的不断完善,虽然我国农村土地产权制度已经显现出种种不适应,出现了种种弊端,但是制度变迁往往具有一定的路径依赖,全盘否定、推倒重来的制度变革需要很高的社会成本,且具有一定的运行风险,一旦不成功就可能导致农村生产关系的破坏,可能会引起社会的动荡。因此,我国农村土地产权制度改革不可能一蹴而就,需要循序渐进、逐步推进。我国在部分地区开展的农村土地权利制度改革试点，取得了一定的成效，特别是在集体建设用地流转方面，政府做出了充分的让利，农民的土地收益大大增加。但这试点毕竟只是一个"点"，通过一个点的实验，政府的"损失"很有限，况且也不排除部分地区政府通过让利推动改革借以实现政绩的意图，如果全面推广，地方政府的土地财政就会消失，面临的阻力就会很大，而地方政府又是制度的执行者，实行难度可想而知。尤其是笔者最终设计的土地发展权及补偿模式，全面打破了现有的土地增值收益分配格局，在保护农民土地产权、维护农民土地权益、促进耕地保护等方面做出了深度改革，虽然在短期内实施困难，但是根据发达国家的发展经验，这应该是一种趋势。因此，要彻底推进农村土地制度改革，就要拿出破釜沉舟的勇气，国家层面要做好顶层制度设计，要尽快修改《物权法》《土地管理法》等法律法规，在法律上明确农村土地的权利，并做好政府职能的转变，改革现有的财政收入及税费收入体系、改革现有的城市建设及投融资体系等一系列预案，确保农村土地制度改革平稳运行。农村土地权利制度改革的大幕才刚刚开始，农村土地产权制度改革普遍展开，彻底破除城乡二元土地结构的目标任重而道远。

主要参考文献

敖仙花.论集体土地所有权主体的法人制改造[D].苏州:苏州大学,2011.

北京大学国家发展研究院综合课题组.还权赋能:奠定长期发展的可靠基础[M].北京:北京大学出版社,2010.

波斯纳·理查德·A.法律的经济分析[M].蒋兆康,译.北京:中国大百科全书,1997.

蔡继明.农村集体建设用地流转的主体和利益分配——重庆市和成都市农村集体建设用地流转的政治经济学分析[J].学习论坛,2010(7):59-62.

陈浩,王佳.社会资本能促进土地流转吗?——基于中国家庭追踪调查的研究[J].中南财经政法大学学报,2016(1):21-29.

陈锡文.为什么提倡实行增人不增地减人不减地的耕地承包办法[J].中国改革,1994(1):52-54.

陈锡文.资源配置与中国农村发展[J].中国农村经济,2004(1):4-9.

陈小君.农村土地法律制度的现实考察与研究:中国十省调查报告书[M].北京:法律出版社,2010.

陈泳.难题与破解:农村土地"三权分置"的实现路径探析[J].福建论坛(人文社会科学版),2017(10):24-29.

陈媛媛,傅伟.土地承包经营权流转、劳动力流动与农业生产[J].管理世界,2017(11):79-93.

程令国,张晔,刘志彪.农地确权促进了中国农村土地的流转吗?[J].管理世界,2016(1):88-98.

程世勇.中国农村土地制度变迁:多元利益博弈与制度均衡[J].社会科学辑刊,2016(2):85-93.

崔令之,席虎啸.论我国农村集体建设用地使用权流转制度的完善[J].法学杂志,2015(8):77-84.

邓宏乾.土地增值收益分配机制:创新与改革[J].华中师范大学学报(人文社会科学版),2008(5):42-49.

邓荣荣,吴燕,詹晶.我国建设占用耕地数量与城镇化水平的相互关系——基于 VAR 模型的实证[J].西北人口,2012(6):89-94.

底亚玲,郝晋珉,朱道林.基于产权的土地征收增值收益分配探讨[J].农村经济,2006(12):34-36.

董景山.农村集体土地所有权行使模式研究[M].北京:法律出版社,2012.

董晓方,杜新波.重庆市地票运行机制的内在经济法律依据——基于土地发展权视角的框架分析[J].安徽农业科学,2012,40(31):15456-15458.

董祚继,田春华.顺势而为,深入推进农村土地管理制度改革——安徽、江苏、深圳农村土地管理制度改革探索的启示[J].中国国土资源经济,2011(10):7-13.

樊平,宓小雄,齐慧颖.农地政策与农民权益[M].北京:社会科学出版社,2012.

范怀超.国外土地流转趋势及对我国的启示[J].经济地理,2010(3):484-488.

冯俊条.集体土地征用与农村土地收益分配的制度创新[J].郑州轻工业学院学报(社会科学版),2013,14(2):73-76.

冯子标.土地市场化与"三农"问题的出路[J].中国农村观察,2002(5):71-79.

高飞.集体土地所有权主体制度研究[M].北京:法律出版社,2011.

高飞.集体土地所有权主体制度运行状况的实证分析——基于全国10省30县的调查[J].中国农村观察,2008(6):35-43.

高飞.论集体土地所有权主体立法的价值目标与功能定位[J].中外法学,2009(6):851-866.

高飞.论集体土地所有权主体之民法构造[J].法商研究,2009,26(4):13-22.

高洁,廖长林.英、美、法土地发展权制度对我国土地管理制度改革的启示[J].经济社会体制比较,2011(4):206-213.

高雅.我国农村土地增值收益分配问题研究[D].成都:西南财经大学,2008.

邰瑞燕,杨伟,郭利刚.浅析我国农村土地增值收益分配的问题[J].华北国土资源,2013(2):77-80.

苟兴朝.城乡建设用地增减挂钩中农民合法权益保障研究——基于马克思级差地租理论视角[J].农村经济,2012(4):37-41.

顾惠芳,王大伟.挂钩之路如何走得更好——对"全国发展改革试点镇"城乡建设用地增减挂钩的思考[J].中国土地,2012(5):55-57.

郭君平,曲颂,夏英,等.农村土地流转的收入分配效应[J].中国人口·资源与环境,2018(5):160-169.

郭晓鸣,张克俊.让农民带着"土地财产权"进城[J].农业经济问题,2013(7):4-11.

郭晓鸣.统筹城乡发展与农村土地流转制度变革——基于成都"实验区"的实证研究[M].北京:科学出版社,2012.

郭晓鸣.中国农村土地制度改革:需求、困境与发展态势[J].中国农村经济,2011(4):4-8.

郭旭,赵琪龙,李广斌.农村土地产权制度变迁与乡村空间转型——以苏南为例[J].城市规划,2015(8):75-79.

国务院发展研究中心课题组.中国失地农民权益保护及若干政策建议[J].改革,2009(5):5-16.

何静.基于信息对称视角的农村土地流转效率分析[J].山东社会科学,2015(5):144-149.

何沙,曾宇.农地流转中农民权益保障研究[J].宏观经济管理,2016(2):43-46.

贺雪峰.地权的逻辑[M].北京:中国政法大学出版社,2010.

赫尔南多·德·索托.资本的秘密[M].于海生,译.北京:华夏出版社,2007.

华彦玲,施国庆,刘爱文.国外农地流转理论与实践研究综述[J].世界农业,2006(9):10-12.

华彦玲.苏南乡村土地流转中的地权及利益研究[M].北京:中国社会科学出版社,2012.

黄凌翔,郝建民,卢静.农村土地规模化经营的模式、困境与路径[J].地域研究与开发,2016(5):138-142.

黄志亮,滕飞.重庆统筹城乡综合配套改革的经验及难点问题研究[J].当代经济研究,2011(7):60-64.

冀彩芳.我国农村集体土地发展权制度及其完善[J].公民与法(法学版),2012(5):7-9.

姜爱林.国内外三农问题研究[M].北京:华龄出版社,2012.

姜和忠,徐卫星.农地非农化配置中的收益分配问题:基于可持续发展理论的公平原则[J].中国土地科学,2011,25(6):65-69.

蒋炳镇.集体建设用地有偿使用与使用权流转收益分配制度研究[J].南

方农村,2012(11):9-17.

蒋永穆,安雅娜.我国农村土地制度变迁的路径依赖及其创新[J].经济学家,2003(3):54-59.

矫鹏.我国土地征用与增值收益分配体系初探[J].北方经贸,2010(10):38-40.

解安宁,王琴,徐辉.基于农地发展权的农地征收制度改革[J].江苏农业科学,2013,41(7):4-6.

解玉娟.中国农村土地权利制度专题研究[M].成都:西南财经大学出版社,2009.

金励.城乡一体化背景下进城落户农民土地权益保障研究[J].农业经济问题,2017(11):48-59.

金星.新土地抛荒的经济学视角[J].农村经济,2013(3):25-26.

孔祥智,何安华.新中国成立60年来农民对国家建设的贡献分析[J].教学与研究,2009(9):5-13.

乐章.农民土地流转意愿及解释——基于十省份千户农民调查数据的实证分析[J].农业经济问题,2010(2):64-70.

黎东升,刘小乐.我国农村土地流转创新机制研究——基于政府干预信息披露的博弈分析[J].农村经济,2016(2):34-38.

李彬.深圳市特区外集体土地国有化理论研究与实证分析[D].武汉:华中农业大学,2008.

李昌平.慎言农村土地私有化[J].读书,2003(6):93-98.

李非.台湾土改的启示[J].南风窗,2009(3):46-48.

李俊高,李俊松.新一轮的农村土地流转:理论争论、实践困境与机制创新[J].农村经济,2016(1):39-43.

李涛,柏昱.农村流动人口土地流转的困局与对策研究[J].理论探讨,2017(6):104-109.

廖小军.中国失地农民研究[M].北京:社会科学文献出版社,2005.

林彤,宋戈.基于规模经营的农地流转策略演化博弈分析——以黑龙江省克山县为例[J].干旱区资源与环境,2018(7):15-22.

林旭霞.物权制度与效率研究[M].北京:人民法院出版社,2005.

林毅夫.制度、技术与中国农业发展[M].上海:上海三联出版社,2008.

刘承芳,何雨轩,罗仁福,等.农户认知和农地产权安全性对农地流转的影响[J].经济经纬,2017(2):31-36.

刘红梅,王克强.中国农村地产市场研究[M].上海:上海财经大学出版社,2003.

刘吉双.日本农村耕地保护制度与职业农民就近就地城镇化[J].学术交流,2017(8):135-140.

刘俊.中国土地法理论研究[M].北京:法律出版社,2006.

刘俊杰,张龙耀,王梦珺,等.农村土地产权制度改革对农民收入的影响——来自山东枣庄的初步证据[J].农业经济问题,2015(6):51-58,111.

刘骏.劳动力代际变迁视角下农村土地利用趋势分析——以湖北省部分农村为例[J].湖北社会科学,2017(3):50-56.

刘乃安.试论我国土地发展权归私模式的建立[J].商业时代,2013(3):111-112.

刘荣材.路径约束与农村土地制度变迁研究[M].北京:中央编译出版社,2012.

刘守英,叶红玲.建议根本改革征地制度[J].中国改革,2008(10):12-13.

刘小红,陈兴雷,于冰.基于行为选择视角的农地细碎化治理比较分析——对安徽省"一户一块田"模式的考察[J].农村经济,2017(10):44-50.

刘小红,郭忠兴,陈兴雷.农地权利关系辨析——家庭土地承包经营权与集体土地所有权的关系研究[J].经济学家,2011(8):51-56.

刘永湘,杨继瑞,杨明洪.农村土地所有权价格与征地制度改革[J].中国软科学,2004(4):50-53.

刘元胜.农村集体建设用地产权流转价格研究[M].北京:中国农业出版社,2012.

刘远风.农户土地流转的收入效应分析[J].西北农林科技大学学报(社会科学版),2016(3):17-25.

刘志昌,夏侠.城市化进程中多渠道增加农民财产性收入的比较研究[J].社会主义研究,2015(2):100-106.

卢炳克,刘瑶,潘莹.农村集体建设用地流转模式的比较分析——以芜湖和南海为例[J].法制与社会:旬刊,2012(12):221-222.

卢吉勇,陈利根.集体非农建设用地流转的主体与收益分配[J].中国土地,2002(5):20-21.

卢克·埃里克森,官进胜.关于中国农村土地私有化的辩论[J].国外理论动态,2008(8):53-57.

冒佩华,徐骥.农地制度、土地经营权流转与农民收入增长[J].管理世界,2015(5):63-74.

梅琳.我国农村土地流转模式研究[D].福州:福建师范大学,2011.

苗洁.土地流转过程中农民权益保障的新思维新举措[J].中州学刊,2015(8):45-49.

宁勇敏.土地流转中的政策激励——以安徽芜湖为例[J].探索与争鸣,2015(7):88-90.

农村土地问题立法研究课题组.农地流转与农地产权的法律问题——来自全国4省8县(市、区)的调研报告[J].华中师范大学学报(人文社会科学版),2010(2):2-11.

农村土地问题立法研究课题组.农村土地法律制度运行的现实考察——对我国10个省调查的总报告[J].法商研究,2010(1):119-131.

农业部农村经济体制与经营管理司调研组.浙江省农村集体产权制度改革调研报告[J].农业经济问题,2013(10):4-9.

潘啸.农村土地流转的动因分析与对策选择[J].山东社会科学,2008(6):111-112.

彭朝冰.我国土地收益分配机制存在的问题及改革建议[J].国土资源导刊(湖南),2013,10(7):66-67.

彭建超,吴群,钱畅.农村土地"增值"对农民市民化实现的贡献研究[J].人口学刊,2017(6):51-61.

彭开丽,张鹏,张安录.农地城市流转中不同权利主体的福利均衡分析[J].中国人口资源与环境,2009,19(2):137-142.

彭文英,洪亚敏,王文,等.集体建设用地流转收益及分配探析[J].经济与管理研究,2008(5):55-60.

彭文英,洪亚敏,王文.中国农村集体建设用地流转收益关系及分配政策研究[M].北京:经济科学出版社,2012.

钱忠好.中国农村土地制度变迁和创新研究[M].北京:中国农业出版社,1999.

曲福田,冯淑怡,诸培新,等.制度安排、价格机制与农地非农化研究[J].经济学(季刊),2004(4):229-248.

任中秀.农村宅基地土地发展权刍论[J].科技情报开发与经济,2013(9):141-143.

施思.中国土地发展权转移与交易的浙江模式与美国比较研究[J].世界农业,2012(10):133-135.

四川省社会科学院调研组.必须高度重视农村土地流转中存在的问题和潜在风险[J].农村经济,2011(2):3-5.

宋少江. 新中国农村土地制度改革与变迁的制度伦理分析[J]. 理论界, 2011(10):22-23.

孙宪忠. 中国当前物权立法中的十五大疑难问题[J]. 社会科学论坛, 2006(1):94-117.

孙月蓉,代晨. 中国农地资本化流转风险分析[J]. 经济问题,2015(5):107-110.

谭荣,曲福田,吴丽梅. 我国农地征用的经济学分析:一个理论模型[J]. 农业经济问题,2004(10):41-44.

唐健,谭荣. 农村集体建设用地价值"释放"的新思路——基于成都和无锡农村集体建设用地流转模式的比较[J]. 华中农业大学学报(社会科学版),2013(3):10-15.

唐景明. 建立农民自愿退出农村机制推进农业转移人口市民化[J]. 农村工作通讯,2013(11):39-41.

唐韬,吕炎. 论我国土地发展权相关定价方法的新探索[J]. 前沿,2013(4):52-53.

佟绍伟,刘燕萍,钟京涛. 落实权利主体 完善收益分配——谈如何健全农地产权制度推进集体土地流转[J]. 资源导刊,2009(2):16-17.

万朝林. 失地农民权益流失与保障[J]. 经济体制改革,2003(6):73-76.

汪振江. 农村土地产权与征收补偿问题研究[M]. 北京:人民大学出版社,2008.

王安岭. 关于农村土地市场发展问题[J]. 苏州铁道师范学院学报(社会科学版),2002(4):1-5.

王德起. 城市化进程中土地增值机制的理论探析[J]. 城市发展研究,2010(4):102-110.

王浩巍. 英美土地发展权制度对我国土地管理的启示[J]. 长春市委党校学报,2013(5):77-80.

王建友.完善农户农村土地承包经营权的退出机制[J].农业经济与管理,2011(3):47-53.

王世联.农村征地收益分配与失地农民社会保障问题研究综述[J].经济纵横,2008(6):123-125.

王书明,刘元胜,郭沛.不同用途农村集体土地征收中的收益分配研究——以辽宁省辽阳市为例[J].农业经济问题,2012(10):57-62.

王卫国.中国土地权利研究[M].北京:中国政法大学出版社,1997.

王文,洪亚敏,彭文英.集体建设用地使用权流转收益形成及其分配研究[J].中国土地科学,2009,23(7):20-23.

王小鲁.土地收益分配制度的改革势在必行[J].农村工作通讯,2012(17):35.

王小映,贺明玉,高永.我国农地转用中的土地收益分配实证研究——基于昆山、桐城、新都三地的抽样调查分析[J].管理世界,2006(5):62-68.

王旭东.中国农村宅基地制度研究[M].北京:中国建筑工业出版社,2011.

王永莉.国内土地发展权研究综述[J].中国土地科学,2007(3):69-73.

王佑辉,艾建国.农地转用地价体系与增值收益分配[J].华中师范大学学报(人文社会科学版),2009,48(4):52-58.

王振伟,李江风,张志,等.海口市被征地农民基本养老保险制度在实施中存在的问题研究[J].中国土地科学,2012,26(7):34-38.

王振伟,汪晓春.合理利用农村建设用地的几点思考[J].农村经济与科技,2007(12):28-29.

卫春江,张少楠.我国农村土地流转中利益主体的进化博弈分析[J].经济经纬,2017(2):49-55.

蔚琼琼.土地流转收益分配纠纷中的法律适用[J].中国乡村发现,2010

(2):104-106.

温铁军.我国为什么不能实行农村土地私有化[J].红旗文稿,2009(2):15-17.

吴冰.中国农村土地流转收益分配的研究[D].成都:西南财经大学,2012.

吴春宝,陈琴.农民工市民化进程中农地经营权流转[J].西北农林科技大学学报(社会科学版),2015(5):20-25.

吴敬琏.当代中国经济改革[M].上海:上海远东出版社,2004.

吴克宁,马素兰.中国农村土地产权制度改革探讨[J].中国土地科学,2005(4):38-42.

吴丽莉.村集体公有的农村土地所有权资产收益分配监督管理体系研究[J].财政监督,2011(23):50-51.

吴越,兰婷.农村土地承包经营权流转瓶颈分析——以农民的主体性为分析视角[J].农村经济,2015(7):30-34.

伍贤斌,付梅臣,汤敏.农村集体土地使用权入股收益分配模式的探索[J].安徽农业科学,2011(1):579-582.

项继权,罗峰.中国农地制度改革的方向和条件[J].华中师范大学学报(人文社会科学版),2007,46(3):2-10.

肖冰.农村土地产权制度重构思路比较及启示[J].中国经济,2007,6(6):47.

徐峰,邱隆云,魏敏.国内关于农地流转的研究综述[J].江西农业大学学报(社会科学版),2008(1):59-63.

徐建春,李翠珍.浙江农村土地股份制改革实践和探索[J].中国土地科学,2013(5):4-13.

徐美银.农民工市民化与农村土地流转的互动关系研究[J].社会科学,2016(1):42-51.

徐美银.农业转移人口市民化进程中的农村土地制度创新[J].华南农业大学学报(社会科学版),2015(4):48-60.

徐培根.我国农村土地产权制度改革研究[J].中国集体经济,2010(25):5-6.

徐挺,崔宝敏.农村集体建设用地流转制度创新——天津市"以宅基地换房"创新发展思路的研究[J].未来与发展,2009(4):74-77.

许恒周,曲福田.农村土地流转与农民权益保障[J].农村经济,2007(4):29-31.

许恒周.基于农户受偿意愿的宅基地退出补偿及影响因素分析——以山东省临清市为例[J].中国土地科学,2012(10):75-81.

许慧渊.产权理论与农村集体产权制度改革[M].北京:中国经济出版社,2005.

薛红霞.浅谈农村土地资产化的收益分配机制[J].中国集体经济,2012(1):3-4.

严燕,杨庆媛,张佰林,等.非农就业对农户土地退出意愿影响的实证研究[J].西南大学学报(自然科学版),2012(6):128-132.

严之尧.还利于民和谐拆迁——三亚市旧城拆迁改造模式的调研报告[J].新东方,2008(5):30-34.

严之尧.维护被征地农民的合法权益——深化征地制度改革的思考之一[J].中国地产市场,2011,9(9):12-13.

杨静.农村集体土地确权工作中存在的问题及其对策[J].人民论坛(中旬刊),2013(3):108-109.

杨璐璐.农村土地经营权流转的阶段性特征与政策选择[J].经济体制改革,2015(4):77-83.

杨文彦,段欣毅.三亚月川拆迁:没有巨额补偿款,百姓为何也欢迎?[J].决策探索,2012(19):60-61.

杨珍惠.关于集体建设用地使用权流转的障碍及原因分析[D].西川省土地学会,译.成都:成都地图出版社,2009.

姚锋.论中国农村土地收益分配体系现状及完善对策[D].长春:吉林大学,2007.

叶建雄.论农村集体土地所有权之法律缺陷及其变革方向[D].北京:中国政法大学,2009.

于水,丁文.土地流转纠纷的治理:从"碎片化"到"整体性"——基于江苏SY县的田野调查[J].华中科技大学学报(社会科学版),2016(1):34-41.

余艳琴,查俊华.产权残缺与委托代理失效——联产承包责任制下农地制度困境的分析[J].求索,2004(1):38-40.

袁苗.征用土地增值收益分配:一种基于产权经济学的分析框架[J].农村经济与科技,2006(12):25-26.

曾超群.农村土地流转问题研究[D].长沙:湖南农业大学,2010.

曾昭盛.重庆户籍制度改革背景下的农村土地制度研究[J].科学咨询,2010(23):8-9.

张斌,唐家锦,陶小培.对当前农村土地流转问题的调查与思考[J].现代金融,2009(3):29-30.

张俊,于海燕.国内外城市土地增值收益分配制度的比较与借鉴[J].价格月刊,2008(3):66-68.

张力,杨秋宇.户籍改革中嵌入农民退出地权机制的合规化分析——以温江"双放弃"模式为考察对象[J].农村经济,2013(10):3-7.

张路雄.耕者有其田——中国耕地制度的现实与逻辑[M].北京:中国政法大学出版社,2012.

张梦琳.农村集体建设用地流转:绩效分析及政策选择——基于苏州、芜湖、南海三地的流转实践[J].国土资源,2008(11):44-46.

张守夫,张少停."三权分置"下农村土地承包权制度改革的战略思考[J].农业经济问题,2017(2):9-15.

张蔚.快速城镇化进程中农村土地退出机制研究[D].重庆:西南大学,2011.

张晓山.农民土地财产权利如何实现[J].今日中国论坛,2009(1):11-13.

张新光.论农地平分机制向市场机制的整体性转轨[J].西北农林科技大学学报(社会科学版),2003(5):1-8.

张勇.改革农村土地征收制度 完善增值收益分配机制[J].内蒙古师范大学学报(哲学社会科学版),2012(1):89-92.

昭盛.重庆户籍制度改革背景下的农村土地制度研究[J].科学咨询,2010(23):8-9.

赵峰,黄寿海.农村土地承包经营权流转碎片化及其整体性治理[J].宏观经济研究,2016(1):13-19.

赵黎明.流转出活力——芜湖市农民集体所有建设用地使用权流转的调查[J].国土资源通讯,2006(13):46-48.

赵秀清,赵秀丽.农村土地收益分配"兼顾公农"模式成因探析[J].开放导报,2008(1):70-73.

郑兴明.中国城镇化进程中农民退出机制研究[M].北京:人民出版社,2012.

钟成林,胡雪萍.农村土地发展权、空间溢出与城市土地利用效率——基于空间误差模型的实证研究[J].中国经济问题,2016(6):24-36.

钟京涛.小产权房问题现状及分析[J].国土资源,2008(3):35-37.

钟涨宝,聂建亮.建立健全农村土地承包经营权退出机制初探[J].理论与改革,2010(5):78-80.

钟涨宝,聂建亮.论农村土地承包经营权退出机制的建立健全[J].经济体制改革,2012(1):84-87.

周诚."涨价归农"还是"涨价归公"[J].中国改革,2006(1):63-65.

周诚.论我国农地自然增值公平分配的全面产权观[J].中国地产市场,2006(8):76-79.

周诚.土地增值分配应当"私公共享"[J].中国改革,2006(05):77-78.

周诚.我国农地转非自然增值分配的"私公兼顾"论[J].中国发展观察,2006(09):27-29.

周洁,卓成刚.我国设立土地发展权的可行性分析[J].安徽农业科学,2011(34):21152-21153.

周其仁.产权与制度变迁:中国改革的经验研究(增订本)[M].北京:北京大学出版社,2004.

周其仁.城市化须保障农民土地收益[J].农村经营管理,2010(12):22.

周其仁.还权赋能:奠定长期发展的可靠基础[M].北京:北京大学出版社,2010.

周其仁.农民权益与土地收益要平衡[J].中国地产市场,2008(10):28-30.

周其仁.缩小城乡差距要让农民分享土地收益[J].农村工作通讯,2010(21):47.

周云飞,赛云秀,惠晓翠.韩国"新村运动"对中国农村土地改革的启示[J].世界农业,2018(4):68-74.

朱德开,陈莉,朱天明,等.统筹城乡发展中集体土地市场的建立[J].经济问题探索,2006(6):133-137.

朱婷.农村土地股份合作社发育动因及作用机制分析——以经济欠发达地区为例[J].中国农业资源与区划,2018(3):91-95.

朱显荣.完善我国农地所有权问题研究[J].武汉大学学报(哲学社会科学版),2008,61(1):116-120.

朱一中,曹裕.农地非农化过程中的土地增值收益分配研究——基于土地发展权的视角[J].经济地理,2012(10):133-138.

诸培新,唐鹏.农地征收与供应中的土地增值收益分配机制创新——基于江苏省的实证分析[J].南京农业大学学报(社会科学版),2012:1-10.

邹伟,吴群.基于交易成本分析的农用地内部流转对策研究[J].农村经济,2006(12):41-43.

Banerjee A V. Empowerment and efficiency: Tenancy reform in west Bengal[J]. Journal of Political Economy,2002,110(2):239-280.

Benjamin D,Brandt L. Property rights,labour markets,and efficiency in a transition economy:The case of rural China[J]. Canadian Journal of Economics,2002,35(4):689-716.

Besley T. Property rights and investment Incentives:theory and Evidence from Ghana[J]. Journal of Political Economy,1993,103(5):903-937.

Binswanger H P. Power,distortions,revolt and reform in agricultural land relations[J]. Handbook of Development Economics,1995,3(2):2659-2772.

E O. Governing the commons: The evolution of institutions for collective action[M]. Cambridge University,1990.

Egbu A U,Olomolaiye P,Gameson R. A neo-institutional economic critique of the system for allocating urban land and development rights in Nigeria[J]. Habitat International,2008,32(1):121-135.

Elinor O. Governing the commons: The evolution of institutions for collective action[M]. Cambridge University,1990.

Frank P K O. Tenure, agricultural investment, and productivity in the customary tenure sector of malawi[J]. Economic Development and Cultural Changes,2001,50(1):77-99.

Gray C L. Environment, land, and rural out-migration in the southern Ecuadorian Andes[J]. World Development,2009,37(2):457-468.

Jensen M C,Meckling W H. Theory of the firm: Managerial behavior, agency costs and ownership structure[J]. Social Science Electronic Publishing,1976,3(4):305-360.

Karen M. Insecurity of property rights and matching in the tenancy market[D]. Berkeley: UC Berkeley Department of Agricultural & Resource Economics,1992.

North. The rise of the western world[M]. New York: Cambridge University Press,1973.

Pierre D. Moral hazard, land fertility and sharecropping in a rural area of the Philippines[J]. Journal of Development Economics,2002,68(1): 35-64.

Place F, Migot-Adholla S E. The economic effects of land registration on smallholder farms in Kenya: Evidence from nyeri and kakamega districts[J]. Land Economics,1998,74(3):360-373.

Place F, Otsuka K. Tenure, agricultural investment, and productivity in the customary tenure sector of malawi[J]. Economic Development & Cultural Change,2001,50(1):77-99.

Putterman L. The role of ownership and property rights in China's economic transition[J]. China Quarterly,1995,144:1047-1064.

Rodgers C, Beddington J. Property rights, land use and the rural environment: a case for reform. [J]. Land Use Policy,2009,26(12):134-141.

Ronald H C. The nature of the firm[J]. Economica, 1937, 4(16): 386 - 405.

Ronald H C. The problem of the social coast[J]. Journal of Law and Economics, 1960(3): 1 - 44.

Samsura D A A, Krabben E V D, Deemen A M A V. A game theory approach to the analysis of land and property developmentprocesses [J]. Land Use Policy, 2010, 27(2): 564 - 578.

Shetty S. Limited liability, wealth differences and tenancy contracts in agrarian economies[J]. Journal of Development Economics, 1988, 29 (1): 1 - 22.

Simbizi M C D, Bennett R M, Zevenbergen J. Land tenure security: Revisiting and refining the concept for Sub-Saharan Africa's rural poor [J]. Land Use Policy, 2014, 36: 231 - 238.

Soule M J, Tegene A, Wiebe K D. Land Tenure and the Adoption of Conservation Practices[J]. American Journal of Agricultural Economics, 2000, 82(4): 993 - 1005.